스토리를 품은 미쿡 영어회화

스토리를 품은 미쿡 영어회화

초판 1쇄 인쇄 2020년 9월 10일
초판 1쇄 발행 2020년 9월 15일

지은이 June Sweeney
발행인 홍성은
발행처 바이링구얼
교정교열 임나윤
디자인 Design IF

출판등록 2011년 1월 12일
주소 서울 마포구 월드컵로36길 18, 309호
전화 (02) 6015-8835
팩스 (02) 6455-8835
이메일 nick0413@gmail.com

ISBN 979-11-85980-35-5 13740

스토리를 품은 미국 영어회화

June Sweeney 지음

바이링구얼

이 책의 구성

본문 대화문

책 처음부터 끝까지 쭉 연결되는 한 편의 스토리가
영화 대본처럼 등장인물들의 대화로 이루어진다.

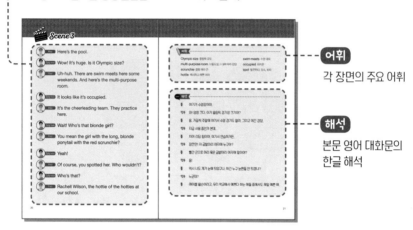

어휘

각 장면의 주요 어휘

해석

본문 영어 대화문의
한글 해석

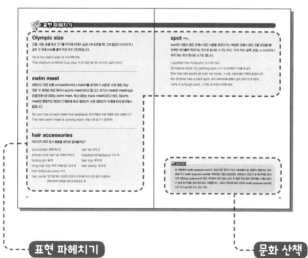

표현 파헤치기

본문에 나온 유용한 표현을 파헤쳐 알아보고
추가 예문을 통해 사용법을 익힌다.

문화 산책

스토리에 나오는 미국 문화에
대해 알아본다.

이 책의 학습법

Step 1 YouTube 강의 듣기

책의 한 장면(scene)마다 한 강의씩 매주 유튜브에 강의 영상을 업로드합니다. 저자가 직접 진행하는 유튜브 무료 강의와 책을 함께 보세요.

> 아래 Step 2부터는 본문의 한 문장 또는 한 줄을 Step 4까지 연습하고, 그다음 줄을 다시 Step 2부터 Step 4까지 연습하는 방식입니다.

Step 2 듣고 따라 말하기

MP3 파일의 한 문장 또는 한 줄을 구간 반복 재생해 놓고, 한 번 듣고 일시 정지하고 따라 말하고, 다시 듣고 일시 정지하고 따라 말하기를 익숙해질 때까지 반복하세요. 처음에는 천천히 또박또박 말하고, 점점 실제 속도에 가깝게 말하면 됩니다. 최대한 원어민의 발음과 억양을 흉내 내어 비슷하게 말하도록 노력해 보세요.

Step 3 섀도잉

연습한 문장을 구간 반복 재생해 놓고 동시에 따라 말하기를 자연스럽게 말할 수 있을 때까지 연습해 보세요.

Step 4 말하기와 녹음

연습한 문장을 음원을 듣지 않고 혼자서 원어민과 가깝게 여러 번 말해 보세요. 그래도 잘 안 될 경우에는 자신의 말을 스마트폰으로 녹음해서 들어 보고 원어민과 최대한 비슷해질 때까지 여러 번 녹음해 보세요.

등장인물 소개

정우 *Jung-woo*

한국에서 태어났지만 어릴 때 미국으로
건너간 이민 1.5세대다. 가족들과
함께 미네소타에 살다가 캘리포니아로
이사 갔다. 삐쩍 마르고 공부만 하는
범생이(nerd)에서 점점 완벽남으로
거듭난다.

폴 *Paul*

미라클 고교 합창부 단원으로
전형적인 범생이다. 새로 전학 온
정우의 친구가 되어 학교에
적응하는 데 도움을 주지만
곤경에 빠트리기도 한다.

레이첼 *Rachel*

미라클 고교 치어리더로 예쁘고
착해서 모든 남학생들의 선망의
대상이지만 남자 친구가 있다.

척 Chuck

미라클 고교 미식축구부 선수로
전형적인 운동광(jock)이다.
덩치 크고 운동을 잘해서 학교에서
잘나가지만 약한 학생들을 괴롭히고
무식하다.

엘라 Ella

정우가 일하는 햄버거 가게에
새로 들어온 알바생. 정우와
같은 학교에 다닌다.

정우 부모님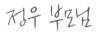

캘리포니아에서 식당을 운영하며 똑똑한
아들내미 뒷바라지에 여념이 없다.

contents

Chapter 1 새 학교 *Scene 1~4* 12

Chapter 2 합창단 *Scene 5~6* 28

Chapter 3 레이철 *Scene 7~9* 36

Chapter 4 운전면허시험 *Scene 10~13* 48

Chapter 5 악연 *Scene 14~16* 64

Chapter 6 미식축구부 척 *Scene 17~18* 76

Chapter 7 데이트 신청 *Scene 19~20* 84

Chapter 8 레이철의 남자 친구 *Scene 21~23* 92

Chapter 9 연애 상담 *Scene 24~25* 104

Chapter 10 운동 *Scene 26~28* 112

Chapter 11 새로워진 정우 *Scene 29~31* 124

Chapter 12 여행 가는 부모님 *Scene 32~34* 136

Chapter 13 하우스 파티 *Scene 35~38* 148

Chapter 14 척의 불운 *Scene 39~41* 164

Chapter 15 데이트 *Scene 42~44*   176

Chapter 16 새 알바생 엘라 *Scene 45~46*   188

Chapter 17 엘라의 부탁 *Scene 47~49*   196

Chapter 18 삼각관계 *Scene 50~51*   208

Chapter 19 레이철과 엘라 *Scene 52~53*   216

Chapter 20 핼러윈 데이 *Scene 54~56*   224

Chapter 21 추수감사절 *Scene 57~59*   236

Chapter 22 블랙 프라이데이 *Scene 60~62*   248

Chapter 23 SAT 시험 *Scene 63~64*   260

Chapter 24 스탠퍼드 *Scene 65~66*   268

Chapter 25 대학 합격자 발표 *Scene 67~68*   276

Chapter 26 졸업 파티 *Scene 69~72*   284

Chapter 27 졸업식 *Scene 73~75*   300

미네소타에 살던 정우는 부모님을 따라
캘리포니아의 미라클 고등학교로 전학을 오게 되는데...
오늘은 바로 그 첫날!
무슨 일들이 정우를 기다리고 있을까요?

Scene 1

(in the hallway at Miracle High)

 Jung-woo Excuse me. Do you know where the trigonometry classroom is?

 Paul Oh, I'm taking trigonometry this period, too.

 Jung-woo Really? Super!

 Paul Come with me. It's right around the corner.

 Jung-woo Thanks. I really appreciate it. I don't know my way around here, yet.

 Paul Are you new here?

 Jung-woo Yeah. Today is my first day. You saved my day.

 Paul I'm Paul, by the way.

 Jung-woo I'm Jung-woo. It's very nice to meet you.

trigonometry 삼각함수   period 기간, 교시, 생리
super 최고의, 굉장한   appreciate 고마워하다

해석

(미라클 고등학교 복도)

정우   잠깐만. 혹시 삼각함수 교실이 어디인지 아니?

폴   어, 나도 이번 교시에 삼각함수 듣는데.

정우   진짜? 그럼 잘됐다!

폴   나랑 같이 가자. 저쪽으로 돌아가면 바로야.

정우   도와줘서 정말 고마워. 아직 학교 지리를 잘 몰라서 말이야.

폴   전학 왔니?

정우   응. 오늘이 첫날이야. 너 아니었으면 고생할 뻔했다.

폴   아무튼 난 폴이라고 해.

정우   난 정우. 만나서 정말 반갑다.

Excuse me.

period

"오늘 5교시 무슨 과목이야?"에서 '교시'를 영어로는 뭐라고 할까요? '기간, 시기'라는 뜻의 period가 학과 '교시'로도 사용됩니다. 또한 여성들이 정기적으로 일정 기간 동안 거치는 '생리, 월경'도 period라고 해요. menstruation 역시 '생리, 월경'이라는 뜻이지만 한국에서처럼 앞 글자만 따서 '멘스'라고 부르지 않기 때문에 영어권에서는 통하지 않습니다.

We have history fifth period. 5교시는 역사 수업이야.

My period started today. 오늘 생리 시작했어.

Super!

어떤 제안이나 계획이 굉장히 마음에 들 때, 신나는 일이 생겼을 때, 혹은 누군가를 치켜 세울 때나 무언가를 강조할 때 "최고야!", "굉장해!", "좋아!"라는 뜻으로 쓰이는 표현이 바로 Super!입니다. 올바른 발음은 [슈퍼]가 아니라 [수퍼]입니다.

Are we going to Hawaii? Super! 우리 하와이에 가는 거야? 너무 좋아!

My mom is super! 우리 엄마가 최고야!

My dog is super shy. 우리 집 개는 굉장히 낯을 가려.

new here

전학, 이사, 전근을 왔을 때 '새로 왔다, 여긴 처음이다'라는 표현이에요. 그렇다면 한국식으로 새로 왔으니 '잘 부탁합니다'는 영어로 어떻게 말할까요? 아쉽게도 영어에는 그런 표현이 없습니다. 이곳에 오게 되어 기쁘다, 잘 지낼 것 같다 등등 그때그때 상황에 맞게 풀어서 표현하면 됩니다.

We're new here. 저희 이사 온 지 얼마 안 됐어요.

It seems he's new here. 저 사람 여긴 처음인가 본데. / 저 사람 새로 왔나 보네.

right around the corner

누군가 길을 물어서 "모퉁이 돌면 바로예요"라고 알려 주는 경우, 새로운 계절이나 시험 등 '어떤 시기가 곧 돌아온다, 코앞이다'라고 말할 때 right around the corner라고 표현합니다.

The bookstore is right around the corner. 모퉁이를 돌면 바로 서점이에요.
Spring is right around the corner. 이제 곧 봄이야.
The final exam is right around the corner. 기말고사가 코앞이야.

---

know my way around ~

'어느 지역의 길을 잘 안다, 지리를 잘 안다'는 표현을 know my way around ~라고 합니다. 반대로 '길을 잘 모른다, 지리를 모른다'고 할 때는 don't know my way around ~라고 하면 되겠죠.

I know my way around this area. 이 지역 지리는 내가 잘 알지.
I don't know my way around the building. 이 건물 안 구조(어디에 뭐가 있는지)를 잘 몰라서요.

You saved my day.

직역하면 '당신이 나의 하루를 구했다'인데 영 이상하죠. 자연스럽게 풀이하면 '네 덕에 살았다', '너 아니었으면 어쩔 뻔했냐'는 뜻입니다. 누군가 어려운 숙제를 도와줬다거나 약속 시간에 늦을 뻔했는데 차를 태워 줘서 시간 내에 도착한 경우 도와준 사람에게 You saved my day.라고 말하면 됩니다.

🍔 **문화산책**

미국 고등학교의 수강 과목 편차

미국 고등학교의 경우 개인의 성적, 지원하는 대학에 따라 수강하는 과목이 달라집니다. 특히 수학은 개인차가 커서 4학년 때 미분, 적분을 듣는 학생이 있는가 하면 대수 2에서 벗어나지 못하는 학생도 있죠. 수학뿐만 아니라 언어, 과학도 선택에 따라 수강 과목이 모두 다르기 때문에 같은 학년이어도 시간표에 개인차가 아주 큽니다.

 **Scene 2**

(in the trigonometry classroom at the end of the school day)

 Paul Where are you from?

 Jung-woo Minnesota.

 Paul You moved from Minnesota to California? What an extreme change!

 Jung-woo It sure is.

 Paul How do you like it so far?

 Jung-woo Weather-wise, I love it! Everything else, I don't know yet.

 Paul Did anyone give you a school tour, yet?

 Jung-woo Not yet. The office staff gave me a map and schedule, though.

 Paul I can show you around if you want.

 Jung-woo That'll be great, but only if it's OK with you.

 Paul I'm totally OK with it. Come on.

extreme 극도의

-wise ～면에서는

totally 전적으로, 진짜

so far 이제까지, 지금까지

schedule 시간표

 해석

(마지막 수업을 마치고 삼각함수 교실)

폴   어디서 왔어?

정우   미네소타.

폴   미네소타에서 살다가 캘리포니아로 왔다고? 여긴 완전 딴판일 텐데!

정우   다르긴 진짜 다르다.

폴   살아 보니까 어때?

정우   날씨 면에서는 완전 좋아! 근데 딴 건 아직 잘 모르겠어.

폴   누가 학교 안내는 좀 해 줬니?

정우   아직. 사무실 직원한테 교내 지도랑 수업 시간표는 받았지만 말이야.

폴   학교 둘러보고 싶으면 내가 안내해 줄게.

정우   너만 괜찮다면, 나야 좋지.

폴   당연히 괜찮지. 가자.

What a/an ~!

"날씨가 굉장히 좋군!", "진짜 대단한 사람이야!" 이렇게 사람, 물건, 상황 등이 놀라워서
감탄조로 하는 표현이 바로 What a/an ~!입니다.

What a great idea! 진짜 좋은 생각이다!
What a beautiful name! 이름 정말 예쁘다!
What a liar! 거짓말쟁이도 저런 거짓말쟁이가 없다니까!

It sure is.

상대방의 의견에 '정말로 그렇다'고 강하게 동의할 때, 혹은 질문에 확실하게 대답할 때
주어와 동사 사이에 sure를 넣어 줍니다.

A She's so pretty. 걔, 참 예쁘게 생겼어.
B She sure is! 예쁘긴 진짜 예쁘지!

A Did you lock the door? 너, 문 잠갔니?
B I sure did! 확실히 잠갔어!

How do you like ~?

How do you like it?은 "어때? 마음에 들어?"라고 상대방의 의견을 묻는 표현인데요.
여기에 it 대신 여러 가지 말을 넣어서 좀 더 구체적으로 상대방이 무엇에 관해 어떻게
생각하는지 물어볼 수 있습니다.

How do you like married life? 결혼 생활 어때?
How do you like your new school? 학교는 어때?

so far

so far는 '지금까지'란 뜻으로 문장 끝에 붙여서 많이 사용됩니다. 그리고 일이 잘되고 있는지, 파티가 재미있는지 등 상대방의 질문에 대해 "지금까지는 아주 좋아"라고 답할 때 관용 표현처럼 So far so good.이라는 말을 많이 써요.

I see no problem so far. 아직까지는 문제점은 없는 것 같은데.

A How's your job going? 일은 어떻게 되고 있어?

B So far so good. 지금까지는 잘되고 있어.

–wise

'경치만 보면', '가격 면에서 보면', '외모만 보면'과 같이 전체적인 평가가 아니라 부분적인 평가를 내릴 때 유용하게 쓸 수 있는 표현이 바로 –wise입니다. "실력 면에 있어서는 참 쓸 만한데 성격 면에서는 영 아니란 말이야." 이런 말을 할 때 사용할 수 있겠죠. 또 clock과 붙여 쓰면 clockwise가 되는데 '시계 방향'이라는 색다른 뜻이 됩니다.

Moneywise, I'm very happy with my job. 수입에 있어서는 내 직업에 무척 만족하고 있어.

Let's go clockwise. 시계 방향으로 돌아가자.

This desk doesn't fit lengthwise. 길이 때문에 책상이 안 들어가.

Healthwise, she's doing well, but she needs to reduce stress.
그 사람, 건강은 아주 좋은데, 스트레스를 줄여야 할 필요는 있어.

 **Scene 3**

 Paul Here's the pool.

 Jung-woo Wow! It's huge. Is it Olympic size?

 Paul Uh-huh. There are swim meets here some weekends. And here's the multi-purpose room.

 Jung-woo It looks like it's occupied.

 Paul It's the cheerleading team. They practice here.

 Jung-woo Wait! Who's that blonde girl?

 Paul You mean the girl with the long, blonde ponytail with the red scrunchie?

 **Jung-woo** Yeah!

 Paul Of course, you spotted her. Who wouldn't?

 Jung-woo Who's that?

 Paul Rachel Wilson, the hottie of the hotties at our school.

20

Olympic size 올림픽 규모   swim meet 수영 대회

multi-purpose room 다용도실, (시설에 따라) 강당   occupied 차지한

scrunchie 스크런치, 곱창 머리끈   spot 발견하다, 장소, 위치

hottie 섹시하고 예쁜 여자

해석

폴   여기가 수영장이야.

정우   와! 엄청 크다. 이거 올림픽 경기장 크기야?

폴   응. 가끔씩 주말에 여기서 수영 경기도 열려. 그리고 여긴 강당.

정우   지금 사용 중인가 본데.

폴   치어 리딩 팀이야. 여기서 연습하거든.

정우   잠깐만! 저 금발머리 여자애 누구야?

폴   빨간 끈으로 머리 묶은 금발머리 여자애 말이야?

정우   응!

폴   역시 너도 걔가 눈에 띄었구나. 하긴 누구 눈엔들 안 띄겠냐?

정우   누군데?

폴   레이철 윌슨이라고, 우리 학교에서 예쁘다 하는 애들 중에서도 제일 예쁜 애.

Olympic size

건물, 사람, 동물 등의 크기를 무엇에 빗대어 실감 나게 표현할 때 그와 몸집이 비슷하거나 같은 것 뒤에 size를 붙여 주면 됩니다.

He is my dad's size. 걔, 우리 아빠 만해.

This stadium is World Cup size. 이 경기장은 월드컵 크기야. (실제 사이즈)

swim meet

'대회'라고 하면 보통 competition이나 match를 생각하기 쉬운데 '수영 대회, 육상 대회' 두 종목은 따로 묶어서 sports meet라고 합니다. 여기서 meet는 meeting의 준말인데 '수영 대회'는 swim meet, '육상 대회'는 track meet라고 하죠. sports meet은 통합적인 명칭이기 때문에 육상 대회인지 수영 대회인지 주제에 따라 분리해서 말합니다.

My son has a track meet this weekend. 우리 아들이 이번 주말에 육상 대회에 나가.

The next swim meet is coming soon. 다음 수영 경기가 코앞이야.

hair accessories

여러 가지 머리 장식용품을 영어로 알아볼까요?

scrunchies 곱창 머리끈

phone cord hair tie 전화선 머리끈

bobby pin 실핀

tong (hair clip) 막대기처럼 생긴 집게 핀

hair slide (with a stick) 비녀

hair comb '빗'이란 뜻도 있지만 오징어 다리처럼 여러 개의 갈퀴가 달려서
위에서부터 아래로 빗어 내리며 꽂는 핀

hair tie 머리끈

headband / hairband 머리띠

hair clip 똑딱 핀

hair clamp 집게 핀

spot

spot은 동사로 '찾다, 발견하다'라는 뜻이에요. 사람이 많은 곳에서 찾던 사람을 찾았다거나, 복잡한 곳에서 찾던 것을 어렵게 찾았을 경우에 사용해요. '주차 자리, 얼룩, 반점, (누구의) 자리나 위치'라는 뜻의 명사로 쓰기도 합니다.

I spotted the mosquito. 모기 저기 있다.

Someone stole my parking spot. 누가 내 자리에 차를 대 놨어.

She has red spots all over her body. 그 사람, 온몸에 빨간 반점이 돋았다니까.

My brother has a bald spot. 우리 오빠 머리에 땜빵이 있어/머리가 벗겨졌어.

He's in a tough spot. 그 사람, 참 어려운 위치에 있어.

🍔 문화산책

multi-purpose room 강당

multi-purpose room을 직역하면 '다용도실'인데요. 대학교나 규모가 큰 회사처럼 정식으로 강당 (hall, auditorium)이 따로 구비되어 있지 않은 경우, 즉 일반 학교의 경우에는 다용도실이나 실내 농구장을 강당 용도로도 사용합니다. 그래서 학교에 따라 강당이 multi-purpose room일 수도 있고 gym일 수도 있어요.

Scene 4

 Paul What's that look? Do you have a crush on her?

 Jung-woo Maybe I do. She's a … knockout.

 Paul You need to wake up. More than half of the guys at our school have the hots for her.

 Jung-woo Is she in our grade?

 Paul She is. That won't help you, though.

 Jung-woo Well, maybe I have a couple classes with her.

 Paul So? I'm sorry, but you and I have no chance with her.

 Jung-woo Rachel Wilson!

 Paul Forget that name, and let's go. I'll show you the gym.

 Jung-woo Rachel Wilson!

crush 으깨다, 첫눈에 반하다, 강렬한 사랑   knockout 끝내주는 미인
hot 더운, 뜨거운, 섹시한, 욕정   grade 등급, 성적, 학년

해석

폴   그 표정은 또 뭐야? 너, 쟤한테 반했냐?

정우   그런가 봐. 쟤… 끝내준다.

폴   꿈 깨셔. 우리 학교 남학생 절반 이상이 쟤한테 뻑 갔다고.

정우   우리 학년이야?

폴   응. 그렇다고 달라지는 건 없을 거다만.

정우   뭐, 그래도 수업 두어 개 정도는 같이 들을 수도 있지.

폴   같이 들으면 뭐? 미안하지만, 너랑 나는 쟤가 거들떠보지도 않아요.

정우   레이철 윌슨!

폴   그 이름은 잊어버리고 어서 가자. 체육관 보여 줄게.

정우   레이철 윌슨!

What's that look?

표정을 보니 어째 영 심상치 않다 싶을 때 "그건 또 무슨 표정이야?" 또는 "왜 또 그런 얼굴이야?"라고 묻는 표현이에요. '얼굴 표정'이라고 해서 굳이 face나 expression이란 단어가 들어갈 필요 없이 간단하게 look 하나면 충분합니다.

---

have a crush on ~

crush는 '으깨다, 찌부러트리다'라는 뜻인데요. have a crush on ~ 구문으로 쓰이면 '~에게 반하다', '~를 많이 좋아한다'는 의미가 됩니다. 교회 오빠한테 반했다거나, 어떤 배우가 너무 좋다면 이 표현을 사용해도 좋겠죠.

I have a crush on Jason. 나, 제이슨한테 반했어.
She always had a crush on me. 걘 예전부터 날 쭉 좋아했었다니까.
He's my high school crush. 걘 내가 고등학교 때 좋아했던 애야.

'미인'의 여러 가지 표현

세젤예, 절세미인, 베이글녀, 쭉쭉빵빵 등 미인을 표현하는 말이 영어에도 아주 많습니다.

knockout 기절할 만큼 예쁜 여자
doll 인형처럼 예쁘고 귀여운 여자
hottie 섹시하고 예쁜 여자
jaw-dropper 입이 떡 벌어지는 미인
drop-dead beauty 보는 순간 급사할 만한 미인

beauty queen 절세미인, 세젤예
bombshell (폭탄 맞은 것처럼) 충격적으로 아름다운 여자
looker 눈을 뗄 수 없게 미모가 출중한 여자
eye-opener 눈이 번쩍 뜨이게 아름다운 여자

❋ 이 중 knockout, hottie, looker, jaw-dropper, eye-opener은 남자에게도 쓸 수 있긴 하지만, 남자에게만 쓰이는 표현들이 따로 있습니다. hunk, stud가 이에 속하는데요. '근육남', '상남자'라는 뜻으로 미국은 한국과 달리 '만찢남'처럼 선이 가늘고 예쁜 남자들보다 상남자를 더 선호하기 때문에 '미남'을 뜻하는 단어들 역시 좀 육중하게 느껴지죠.

Wake up.

'잠에서 깨어나라, 일어나라' 외에 '정신 차려', '꿈 깨'라는 뜻도 있습니다. 같은 맥락에서 '술이나 약에서 깨어나'라는 뜻으로도 사용할 수 있어요.

If you want to win this game, you better wake up.
이번 경기에서 이기고 싶다면, 정신 바짝 차리는 게 좋을 거야.

The cold water woke me up. 냉수를 마시니까/찬물로 씻으니까 정신이 번쩍 든다.

---

have the hots for ~

누군가에게 (성적으로) 끌린다거나, 아무개만 보면 가슴이 뛴다고 할 때 쓸 수 있는 표현이 have the hots for ~입니다. hot은 우리가 잘 알고 있는 '뜨거운', '더운'이라는 뜻 외에 '섹시한' 이라는 뜻도 있고 대화문에서처럼 명사로 쓰였을 경우 '욕정'이라는 뜻도 있습니다.

The whole town has the hots for her.
동네 남정네들이 그 여자라면 다들 사족을 못 쓴다니까.

I don't have the hots for my girlfriend anymore. 여자 친구를 봐도 이젠 설레질 않아.

---

have no chance with ~

정우성 씨랑 결혼하기! 박신혜 씨 남자 친구 되기! 삼성 대표 되기! 이렇게 노력한다고 될 일이 아닌 것들, 어림없는 일들을 영어로 일컬어 have no chance with ~라고 합니다.

You have no chance with that position. 너한테 그 자리는 어림도 없어.
I know I have no chance with any girl. 여자들이 날 거들떠보지도 않는다는 거 나도 알아.

Scene 5

(in the shower after swim class)

 Jung-woo Boy, you guys can swim.

 Paul Why does it surprise you?

 Jung-woo In Minnesota, we don't swim, we play ice hockey. Weather matters.

 Paul I know you guys like football there. The Minnesota Vikings is one of the best football teams.

 Jung-woo True! "New man on the Minnesota Vikings. Truth hurts, needed something more exciting. Bom bom bi bom bi dum bum bay."

 Paul Man, you can sing! You sound better than Lizzo.

 Jung-woo Lizzo would kill you if she heard you.

 Paul I'm not kidding. You have the voice.

 Jung-woo Thank you.

 Paul Why don't you join our choir?

어휘

matter 상관, 문제, 관련 있다, 중요하다   kid 놀리다, 농담하다

have the voice 목소리가 좋다   choir 합창단

해석

(수영 수업 후 샤워실)

정우   야, 다들 수영 잘하더라.

폴   그게 뭐 놀랄 일이라고?

정우   미네소타에서는 수영 대신 아이스하키를 하거든. 아무래도 날씨와 상관 있으니까.

폴   너희 주 풋볼 유명하잖아. 미네소타 바이킹이면 전국에서 제일 잘하는 팀 중 하나고.

정우   그건 그렇지! "New man on the Minnesota Vikings. Truth hurts, needed something more exciting. Bom bom bi bom bi dum bum bay."

폴   야, 너 노래 잘한다! 리조보다도 더 잘하는데.

정우   리조가 그 말 들으면 널 죽이려고 할 거다.

폴   농담 아니야. 목소리 진짜 좋다.

정우   고마워.

폴   너 우리 합창단에 들어오는 게 어때?

Why does it ~ you?

내가 보기엔 별것도 아닌 일에 상대가 관심을 쏟거나 열받아 하거나 거슬려 할 때, '그게 ~할 만한 일이야?'라고 묻는 표현입니다.

Why does it bother you? 그게 왜 그렇게 거슬리는데?
Why does it piss you off? 그게 왜 열받을 일이야?
Why does it interest you? 왜 그런 것에 관심을 가져?

~ matters.

내신 성적이 좋아야 좋은 대학에 가고, 요리 재료가 신선해야 음식이 맛있게 되는 것처럼 어떤 결과에 영향을 미치는 요소를 두고 '~가 중요하다', '~와 상관있다'라고 말할 때 matter을 씁니다.

GPA doesn't matter. 성적이랑 아무 상관없다. ※ GPA: 평점(grade point average)
Age matters. 나이와 상관있다. / 나이에 따라 달라진다.
Money doesn't matter. 돈은 아무 관계없다. /돈은 중요한 게 아니다.

You can ~.

can은 우리가 익히 알고 있는 '할 수 있다'라는 뜻인데요. 여기서 좀 더 깊이 들어가 '~을 아주 잘한다'는 강조의 표현으로도 쓰인답니다. 우리말의 '좀 하네!'의 느낌이라고 보시면 될 것 같아요.

Michael Jackson can dance. 마이클 잭슨은 춤을 잘 춰.
You can run. 너, 달리기 좀 하는구나.
My sis can draw. 우리 언니가 그림 좀 그리지.

have the ~

"한 목소리 한다!", "한 몸매 한다!" 이렇게 타고난 장점이나 뛰어난 점을 영어로 말하고 싶을 때 '~을 가지고 있다'는 뜻의 **have**를 이용하면 아주 간단하게 표현할 수 있습니다.

Scarlett Johansson has the body. 스칼렛 요한슨, 한 몸매 하지.
My husband has the voice. 우리 남편, 한 목소리 해.

 문화산책

Minnesota 미네소타

Minnesota는 미국 중북부에 위치한 주로 캐나다와 접경하고 있어요. 추운 겨울로 유명한 주답게 겨울 평균 온도가 영하 12도인데, 이는 어디까지나 평균 온도로써 영하 20도까지 내려가는 경우 도 흔하답니다. 1996년 2월에는 영하 51도라는 기록적인 한파가 발생하기도 했는데요. 그럼에도 불구하고 "Bread and Butter State"라는 별명을 얻을 정도로 목축업이 발달했으며 호수가 많아 "Land of 10,000 Lakes"라는 별명 역시 함께 가지고 있습니다.

캘리포니아에 살고 있는 저자의 여담 하나를 소개하자면, 유난히 춥던 어느 겨울날, 대부분의 사람이 외투와 목도리를 두르고 다니던 영상 5도의 날씨에 반소매에 반바지, 슬리퍼를 신고 활보하는 한 가 족을 보고 너무 놀라 춥지 않냐고 물었던 기억이 있다. 돌아온 답변은 "Oh, we're from Minnesota. We're visiting our family friend." 더 이상 무슨 말이 필요하겠습니까? 미네소타에서 왔다는데….

 *Scene 6*

 Jung-woo Choir? No, I'm thinking about joining the math club.

 Paul Lame!

 Jung-woo Nothing is more fun than math. You know that, too.

 Paul I bet it would be a different story if Rachel is in the choir, isn't that right?

 Jung-woo What do you mean?

 Paul FYI, she is in the choir.

 Jung-woo But, she's on the cheerleading team.

 Paul Singing and dancing go together. She does both.

 Jung-woo I'm in!

 Paul Good call! Let's go see Mrs. Sheehan after school. She's the one who leads the choir.

어휘

lame 지루한, 시시한

bet 장담하다, 내기

FYI 말하자면 (For Your Information)

go together 어울리다, 같이 가다

good call 잘한 결정

lead 이끌다, 통솔하다

해석

정우 합창단? 됐어, 난 수학 클럽에 들까 생각 중이거든.

폴 시시해!

정우 수학보다 더 재밌는 게 어디 있다고. 너도 잘 알잖아.

폴 레이철이 합창단 단원이라면 아마 얘기가 달라질걸, 안 그래?

정우 그게 무슨 말이야?

폴 참고로 말하자면, 레이철이 합창단이란 거지.

정우 근데 걔 치어 리딩 팀이잖아.

폴 원래 노래랑 춤은 같이 가는 거니까. 걔 둘 다 해.

정우 나, 합창단 들어갈래!

폴 잘 생각했어! 학교 끝나고 시핸 선생님 뵈러 가자. 그 선생님이 합창단 담당이거든.

Lame!

영화나 드라마의 결말이 너무 뻔해서 시시하다, 예능 프로그램이 축 처지고 재미없다,
책 내용이 신선한 것 없이 고리타분하다는 표현을 영어로는 lame이라고 합니다.

That game is so lame. 그 게임, 너무 시시해.
Your joke is so lame. 그런 시시한 농담을 하다니.

It would be a different story if ～

상대방의 태도에 따라 혹은 상황의 추이에 따라 '얘기가 달라진다'는 말을 하죠. 영어 표현도
크게 다르지 않아서 It would be a different story if ～ 라고 표현하면 됩니다. '다른
얘기'라는 뜻으로 a different story를 사용했습니다.

It would be a different story if you apologize sincerely.
네가 진심으로 사과한다면, 얘기가 달라지지.

If the Korean team makes it to the finals, it would be a different story.
만약 한국 팀이 결승전까지 간다면, 얘기가 달라지지.

영어 준말

'갑분싸', '할말하않'처럼 영어에도 준말이 많은데요. 다만 미국에서는 준말을 주로 문자로만
이용하고 실제로 대화를 나눌 때는 잘 사용하지 않습니다. 물론 BFF 같은 경우는 학생층에서
대화에서 많이 쓰이지만 그 외에는 거의 문자용이에요.

BRB	Be Right Back.	BTW	By The Way
BFF	Best Friends Forever	NVM	Never Mind.
LMK	Let Me Know.	ILY	I Love You.
AFAIK	As Far As I Know.	ROFL	Rolling On Floor Laughing.

~ and ~ go together

"소주에는 닭똥집이지", "영화 볼 땐 팝콘이지" 이렇게 어떤 두 가지가 '잘 어울린다,
제격이다'라고 할 때 go together이라는 표현을 씁니다.

Beer and fried chicken go together. 맥주에는 치킨이지.
Wine and cheese go together. 와인이랑 치즈는 맛이 잘 어울려.
Lavender and navy blue go together. 연보라색이랑 남색은 잘 어울려.

I'm in.

"영화 보러 갈 사람?"이라는 질문에 "나!"라고 대답하며 같이 하겠다는 의사를 밝히는 경우
간단하게 쓸 수 있는 표현이 바로 I'm in.입니다. "너도 낄래?"라고 물어볼 때 You want
in?이라고 물을 수도 있고 "나도 낄래"를 I want in.이라고 표현할 수도 있지만 대개는
간단하게 I'm in.을 씁니다. 반대로 "난 안 갈래/안 할래"라는 표현은 I'll pass.라고
합니다.

A Who wants to play hide and seek? 숨바꼭질할 사람?
B I'm in. 나 할래.

A I'm going to rob a bank tonight. Who's in? 오늘 밤 은행을 털까 하는데, 같이할 사람?
B I'll pass. 난 빠질래.

Good call!

"탁월한 선택이야!", "그런 생각을 해내다니!" 이처럼 내가 미처 생각치 못했던 좋은 아이디어를
누군가 제시해 주었을 때 유용하게 사용할 수 있는 표현입니다.

A Should we order chicken tonight? 오늘 밤에 치킨 시켜 먹을까?
B Good call! 좋지!

A Where's my passport? 내 여권 어디 갔지?
B Check your old suitcase. 옛날 여행 가방 한번 봐 봐.
A It's here. Good call! 여기 있네. 네 말이 맞았어!

CHAPTER -03

Scene 7

(in Mrs. Sheehan's classroom after school)

 Paul Hi, Mrs. Sheehan. Do you have a minute?

 Mrs. Sheehan Sure. Come on in. What can I do for you?

 Paul This is my friend Jung-woo, and he wants to join our choir.

 Mrs. Sheehan Oh, that's wonderful. Nice to meet you, Jung-woo.

 Jung-woo You, too, Mrs. Sheehan. Do I need to try out?

 Mrs. Sheehan You don't have to, but it'll be nice to hear what you've got.

 Jung-woo OK. "When the night has come and the land is dark and the moon is the only light we will see ~"

 Mrs. Sheehan How do you know that song? That's an old-school song.

 Jung-woo Oh, it's my dad's go-to song.

 Mrs. Sheehan I see. Well, Jung-woo, you have an amazing voice. Welcome to our choir.

 Jung-woo Thank you, Mrs. Sheehan. Yay!

어휘

have a minute 시간이 좀 있다   try out 입단 테스트를 받다, 오디션을 보다

what you've got 네가 가진 실력   old-school song 옛날 노래

go-to song 애창곡

해석

(하교 후 시햄 선생님 교실)

폴   시햄 선생님, 안녕하세요? 시간 좀 있으신가요?

시햄 선생님 그럼. 어서 들어와. 무슨 일로 왔어?

폴   얘는 제 친구 정우인데요. 우리 합창단에 들고 싶다고 해서요.

시햄 선생님 아, 잘됐구나. 반갑다, 정우야.

정우   저도 반갑습니다, 시햄 선생님. 일단 노래를 불러서 합격해야 하는
                건가요?

시햄 선생님 그런 건 아니지만, 노래를 얼마나 하는지 한번 들어보는 것도 좋겠지.

정우   알겠습니다. "When the night has come and the land is
                dark and the moon is the only light we will see ~"

시햄 선생님 네가 그 노래를 어떻게 아니? 그거 옛날 노래인데.

정우   아, 저희 아빠 애창곡이라서요.

시햄 선생님 그렇구나. 아무튼 정우야, 너 완전 꿀성대다. 우리 합창단에 들어온 걸
                환영한다.

정우   시햄 선생님, 감사합니다. 야호!

join

피트니스 클럽, 북 클럽, 동아리 등에 가입 또는 등록한다고 할 때 쓰는 표현입니다. 비슷한 표현으로는 register, sign in 등이 있는데, 그중 register가 가장 사무적인 표현이라고 보시면 됩니다. 또한 join은 '가입, 등록'이라는 뜻 외에 상대방에게 같이 밥 먹으러 가자, 같이 무언가를 하자고 권할 때도 쓸 수 있어요.

We're going to the movies today. Do you want to join us?
우리 오늘 영화 보러 갈 건데, 너도 같이 갈래?

I joined the republican party. 나, 공화당에 들기로 했어.

※ 이 경우 선거에 참여할 생각이라면 필요한 절차를 거쳐야 하기 때문에 register를 해야 하지만 구어체로 '~에 들었다'고 말할 경우 이처럼 간단히 join을 씁니다.

---

try out

try out은 '(기술이나 장비 등을) 시험해 보다'란 의미도 있고, 본문에서처럼 '(스포츠 팀 등의) 입단 테스트를 받다, (배역) 오디션을 보다'란 의미로도 사용됩니다. 특히 어떤 곳의 입단 테스트인지, 오디션인지를 구체적으로 언급할 때는 try out 뒤에 'for + 그 대상'을 넣어서 말합니다. 명사형은 tryouts로 주로 복수형으로 쓰이며 '입단 테스트, 오디션'이란 의미가 됩니다.

I'm going to try out for the swim team. 나 수영부에 입단 테스트 볼 거야.

I tried out for the school play. 나 학교 연극 오디션 봤어.

I have soccer tryouts this afternoon. 오늘 오후에 축구 사전 테스트가 있어.

---

what you've got

물건뿐만 아니라 재능, 재주 등 당신이 가지고 있는 것, 할 수 있는 것, 즉 실력을 what you've got이라고 표현합니다.

Let's see what you've got. 네 실력 한번 보자.

Show them what you've got. 네 실력을 보여 드려.

old school

1970년대 노래, 조선 시대 사고방식, 이렇게 구식인 것들을 일컬어 old school이라고 합니다. 그럼 최신식, 최근 유행인 노래나 기술을 말할 때는 어떻게 할까요? today's를 사용하면 됩니다. '최신곡'은 today's pop songs, '최신 기술'을 today's technology, 처럼요.

I love old-school pop songs. 난 흘러간 노래가 좋더라.
She's old school. 그 사람 옛날 사람이야/되게 구식이야.

---

go-to song

노래방에서든 송년회에서든 노래할 기회가 생기면 일단 내가 제일 좋아하는 노래, 잘할 수 있는 노래를 부르는데 그런 노래를 '애창곡'이라고 하죠? 영어로는 go-to song이라고 합니다.

Do you have a go-to song? 애창곡 있어요?
"Can't Take My Eyes Off Of You" is my go-to song.
〈Can't Take My Eyes Off Of You〉가 내 애창곡이야.

Scene 8

(before the choir practice starts in the choir room)

 Jung-woo Where's Rachel? I don't see her.

 Paul She's not here, yet.

 Jung-woo Is she really in the choir?

 Paul She is, duh!

 Jung-woo What if she doesn't come?

 Paul Dude, hold your horses! She'll be here any minute. Oh, there she comes!

 Jung-woo Wh-what should I do now?

 Paul Oh no. Your ears are starting to burn already.

 Jung-woo Shoot! I can even feel the heat! And my mind is blank.

 Paul Chill out, man.

어휘

duh 당연한 걸 모르다니 기가 막히는군

hold your horses 진정해, 차분히 있어

any minute 곧

burn 타다, 빨개지다, 화끈거리다

shoot 에잇 (shit의 완곡한 표현)

blank 백지의, 멍한, 빈칸

chill out 진정해, 침착해

해석

(합창단 연습실에서 연습이 시작되기 전)

정우 레이철은 어디 있어? 안 보이는데.

폴 아직 안 왔어.

정우 걔 진짜 합창단 맞아?

폴 그렇다니까!

정우 안 오면 어떡하지?

폴 야, 좀 진득하게 기다려 봐! 곧 올 거야. 아, 저기 오네!

정우 이제, 어, 어쩌지?

폴 아이구야. 너 벌써 귀가 빨갛게 달아올랐어.

정우 에잇! 화끈거려 죽겠네. 게다가 머릿속은 또 백지장이고.

폴 야, 침착해.

Duh!

백종원 씨가 소유진 씨랑 결혼한 걸 친구가 여태 모르고 있다면 "아니 어떻게 그걸 몰라? 세상이 다 아는 건데." 이런 반응이 나오겠죠? 이렇게 상대가 당연한 걸 모르고 있을 때 답답하다는 뉘앙스가 포함된 "당연하지!"의 영어 표현이 바로 Duh!입니다.

A Is Tom Cruise divorced? 톰 크루즈가 이혼했어?
B Duh! 당연하지! (그걸 어떻게 모를 수가 있어?)

Hold your horses.

"말을 멈추시오 ~" 자동차를 몰고 다니는 세상인데 이게 대체 무슨 말일까요? 너무 조급하게 서두르는 사람에게 '좀 차분해라, 침착하라'고 권하는 표현입니다.

---

any minute

친구나 소식, 혹은 음식이 나오기를 기다리고 있는 상황에서 '이제 곧 온다, 금세 된다'고 할 때 쓰는 표현입니다. any minute, any second 둘 다 쓸 수 있어요.

He'll be here any second. 이제 곧 올 거야.
The food will come out any minute. 이제 곧 음식이 나올 거야.

~ is/are burning

창피하거나 수줍어서 얼굴이나 귀가 빨개질 때, 혹은 매운 것을 먹고 입 안이 얼얼할 때 burning이라고 표현합니다. 타는 것처럼 화끈거린다는 의미죠.

My mouth is burning. 입 안이 화끈거려.
My lips are burning. 입술이 화끈거려/따가워.

Shoot!

18을 '식빵, 열여덟, 시베리아'라고 표현하는 것처럼 욕설 Shit!를 완곡하게 표현한 것이 바로 Shoot!입니다. 미국인들이 Shoot! 만큼 자주 사용하는 Dang! 역시 욕설 Damn!의 완곡한 표현이에요.

My mind is blank.

너무 황당하거나 당황하게 되면 머릿속이 하얘지면서 아무 생각도 안 나죠. 영어로는 blank, 즉 '텅 비었다'는 표현으로 My mind is blank.라고 합니다.

Chill out!

아이들이 너무 정신없이 소리 지르고 놀 때, 누가 이성을 잃고 흥분할 때 "야, 좀 침착해!", "흥분하지 마!" 이렇게 말하죠. 영어로는 '열을 좀 식히라'는 뜻에서 Chill out!이라고 합니다.

A She's ridiculous. I can't take it anymore. 말도 안 되는 소리 하고 있어. 더는 못 참아.
B Hey, chill out! 야, 열 내지 마!

Scene 9

 Paul Hey, Rachel! How's it going?

 Rachel Hey, Paul! How are you?

 Paul Good. Oh, this is my friend, Jung-woo. He just joined the choir.

 Rachel Hi, I'm Rachel. I'm so glad we have another member.

 Jung-woo H-Hi!

 Paul He's from Minnesota.

 Rachel Wow! Minnesota, huh? How are you adjusting here?

 Jung-woo P-pretty well. I like C-California. It's warm.

 Rachel Hahaha. That's right. In California, we're all about the weather. Well, I think we'll make good friends.

 Jung-woo Y-yes. I'll do my best … to be a g-good friend.

 Rachel Hahaha. You're so cute!

adjust 조정하다. 적응하다   all about ~ ~로 중요한. 유명한

make good friends 좋은 친구가 되다

해석

폴   레이철! 어떻게 지내?

레이철   폴! 안녕?

폴   응. 아, 얘는 내 친구 정우. 방금 우리 합창단에 들어왔어.

레이철   안녕, 난 레이철이야. 단원이 늘었다니 좋네.

정우   아, 안녕!

폴   얘, 미네소타에서 왔어.

레이철   와! 미네소타에서 왔단 말이지? 여기 적응은 잘되고 있니?

정우   자, 잘되고 있어. 캐, 캘리포니아 참 좋네. 따뜻하고.

레이철   하하하. 그렇지. 캘리포니아 하면 일단은 날씨지.
              우리 좋은 친구가 될 것 같은데.

정우   그–그래. 좋, 좋은 친구가 되도록… 최선을 다할게.

레이철   하하하. 너 참 귀엽다!

여러 가지 '인사'에 대한 답변

친구 1: 야, 잘 지냈어?
친구 2: 너도 잘 지내지?

이 대화문이 어색한가요? 잘 지냈냐는 친구의 말에 굳이 대답을 하지 않고 안부를 되묻긴
했지만, 그렇게 어색하지는 않죠? 영어 역시 How are you?라고 물었다고 해서 I'm fine.
Thank you. And you?로 대답하지 않아도 된다는 말입니다. 더군다나 친한 사이라면
안부를 묻는 것이 그냥 습관적이라 별 대답 없이 안부를 물어도 무방한 것이죠. 그래도 많은
분들이 은근히 모르고 있는 여러 가지 영어 인사에 대한 답변을 함께 살펴보죠.

A How are you?
B (I'm) Great. / Good. / Fine. / Not so good. / So so.

A How's it going?
B (It's going) Great. / Good. / Not so good. / So so.

이렇게 주어만 다를 뿐 답변은 거의 같아요. 보통은 주어 없이 간단하게 답하기 때문에
헷갈릴 것 없이 같은 답변을 활용할 수 있지요. 그럼 What's up?의 경우는 어떨까요?

A What's up?
B Not much. / Nothing much. 별일 없어.
  Same old same old. 맨날 그렇지 뭐. / 똑같지 뭐.
※ 만약 새로운 일이 있다면 I got a new job. / I had a fight with my mom.과 같이 대답하면
  됩니다.

How are you adjusting to ~?
새 직장이나 새 학교, 새 동네, 새집 등에 잘 적응하고 있는지 궁금할 때 묻는 표현입니다.

How are you adjusting to your new school? 새 학교에 적응은 잘하고 있고?
How are you adjusting to the weather? 날씨 적응은 잘돼?

A is all about B.

"설악산 하면 단풍이지", "우리 오빠는 자기 여자 친구밖에 몰라"에서처럼 'A 하면 B다', 'A가 B에 빠졌다'고 할 때 all about을 씁니다.

My friend is all about travel. 내 친구는 여행에 푹 빠졌어.
Montana is all about nature. 몬태나 하면 자연경관이지.

---

make (a/an) good ～

'좋은 친구, 좋은 부부, 좋은 부모가 되자/될 거다' 하는 표현을 영어로는 make (a/an) good ～이라고 합니다.

He'll make a good husband. 그 사람은 좋은 남편이 될 거야.
They'll make good parents. 그 사람들은 좋은 부모가 될 거야.

Hi,
I'm Rachel.

(in front of Jung-woo's house before school)

 Paul Morning, Mrs. Sung.

 Jung-woo's mom Morning, Paul. Jung-woo will be out shortly. He overslept.

 Paul No problem.

 Jung-woo's mom How's school going?

 Paul So far so good. Jung-woo is doing great, too. He fit right in.

 Jung-woo's mom It's all thanks to you. Thank God he found a friend like you.

 Paul No, that's not it. Jung-woo is so smart and he has a good heart.

 Jung-woo's mom I wish he was more outgoing, though.

 Jung-woo Hey, dude, sorry I'm late.

 Paul It's fine. Let's rock-n-roll. Bye, Mrs. Sung.

 Jung-woo's mom Bye, Paul. Drive safe!

Morning 아침 인사 (Good morning!의 줄임 표현)   shortly 곧, 조만간
oversleep 늦잠 자다   fit in 잘 맞는다, 제격이다
good heart 착한, 선한   outgoing 외향적인
rock-n-roll 시작해 보자, 달려 보자

해석 --

(등교 전 정우네 집 앞)

폴   어머니, 안녕하세요?

정우 엄마   안녕, 폴. 정우 곧 나올 거야. 오늘 늦잠을 잤지 뭐니.

폴   괜찮아요.

정우 엄마   학교생활은 잘하고 있고?

폴   아직까지는요. 정우도 아주 잘하고 있어요. 바로 적응하더라고요.

정우 엄마   다 네 덕분이지. 너 같은 친구를 만나서 얼마나 다행인지 몰라.

폴   아니에요. 정우가 똑똑하고 착해서 그렇죠.

정우 엄마   난 정우가 좀 더 활동적이면 좋겠다만.

정우   친구, 늦어서 미안하다.

폴   괜찮아. 자, 가자. 어머니, 안녕히 계세요.

정우 엄마   잘 가라, 폴. 조심해서 운전하고!

Morning!

미국에서는 Good morning!을 줄여서 그냥 Morning!이라고 인사하는 경우가 많아요.
그러면 Good afternoon!을 줄여서 Afternoon! 그리고 Good Evening!을 줄여서
Evening! 이라고 하느냐고요? 그건 아닙니다. 단, 어린아이들은 Good night! 대신 Night,
night!이라고 인사하는 경우가 많은데 부모님 역시 Night, night!이라고 대꾸해 준답니다.

---

shortly

곧 올 거다, 바로 나올 거다, 금방 된다 등 어떤 일에 시간이 걸리지 않는다고 말할 때 '곧',
'바로', '금방'에 해당하는 표현이 shortly입니다.

I'll be with you shortly. 잠깐만 기다리세요.

※ 가게, 식당, 은행 등에서 기다리는 손님에게도 자주 사용하는 표현입니다.

The movie will start shortly. 곧 영화가 시작됩니다.

---

oversleep

'늦잠'에도 두 가지 종류가 있죠. 늦잠을 자면 안 되는데 깜빡 늦잠을 잔 경우와 여유롭게
늦잠을 즐긴 경우. oversleep은 늦잠을 자면 안 되는데 잤다는 표현이고, sleep in은
여유가 있어서 늘어지게 늦잠을 잤다는 표현입니다.

I oversleep. 나 늦잠 잤어.

Did you sleep in this morning? 늘어지게 잘 잤어?

How's ~ going?

일, 공부, 인간관계 등이 잘 되어 가고 있냐고 물어볼 때 쓰는 표현입니다.

How's it going with your boyfriend? 남자 친구랑은 어떻게 되고 있어?

How's your business going? 사업은 잘되고 있어?

fit

'옷이 몸에 잘 맞는다, 크기가 맞다'고 할 때도 fit을 쓰지만 '환경에 잘 적응한다, 어느 장소에 잘 어울린다'라고 할 때 역시 fit을 씁니다.

This job doesn't fit me. 난 이 직업과는 잘 안 맞아.

This book doesn't fit in my backpack. 이 책이 가방에 들어가질 않네.

good heart

좋은 심장, 좋은 마음, 즉 '착하다, 선하다'라는 뜻입니다.

My sis has a good heart. 우리 언니는 참 착해.

다양한 성격 표현 〈주어 + be 동사 + 성격〉

예민한 사람 sensitive

남자 알기를 우습게 아는 여자 ball breaker

손이 많이 가는 사람 demanding

철 없는 사람 immature

느긋한 사람 easygoing

성격이 불 같은 사람 fiery

잘 퍼주는 사람 giving

신경 거슬리게 하는 사람 annoying

자기 중심적인 사람 self-centered

필요한 게 많은 사람 high-maintenance

별거 아닌 일에 상처받고 울고불고하는 사람 dramatic

숫기 없는 사람 shy

어른스러운 사람 mature

독립심 강한 사람 independent

까다로운 사람 picky

교활한 사람 a snake

공격적인 사람 aggressive

변덕이 많은 사람/결정 장애 있는 사람 indecisive

혼자 있는 걸 좋아하는 사람 a loner

rock-n-roll

락 앤 롤, 듣기만 해도 으쌰으쌰 활기 차죠? '어떤 일을 활기 차게 시작해 보자', '한번 해 보자'라는 뜻의 표현이에요.

Let's rock-n-roll. (일, 작업, 공연, 여행 등) 이제 시작해 보자.

 Scene 11

(in Paul's car)

 Jung-woo Thank you for the ride. I'll return the favor someday.

 Paul Are you gonna get a driver's license, or what? Not that I mind giving you rides, I'm just wondering.

 Jung-woo Eventually, yes.

 Paul Just go to the DMV and take the written test first.

 Jung-woo I already passed the written test. The rest is such a drag.

  Paul What's the hold up?

 Jung-woo I get so nervous about driving.

 Paul What's there to be nervous about? You can't live without a car in this country. You know that.

 Jung-woo You don't need a car in New York.

 Paul So, are you gonna move to New York, or stay here and get it done?

Jung-woo I guess I'm staying and getting it done.

해석

(폴의 차 안)

정우   태워 줘서 고맙다. 언젠가 이 신세는 꼭 갚으마.

폴   넌 운전면허 딸 거냐, 말 거냐? 너 태워 주는 게 싫어서가 아니라 그냥 궁금해서 물어보는 거야.

정우   결국엔 따야 되겠지.

폴   당장 차량 관리국에 가서 필기시험부터 봐.

정우   필기시험은 벌써 통과했어. 그다음이 문제라 그렇지.

폴   대체 뭐가 문젠데?

정우   운전하는 게 너무 긴장돼.

폴   긴장될 게 뭐가 있어? 이 나라에서는 차 없으면 못 산다. 잘 알면서 그래.

정우   뉴욕에 살면 차 없어도 되지.

폴   그래서 뉴욕으로 이사 갈래, 아니면 그냥 여기 살면서 면허 딸래?

정우   여기 살면서 면허를 따야겠지.

return the favor

직역하면 '부탁을 돌려준다' 즉, 네가 내 부탁을 들어줬으니 나도 네 부탁을 들어주겠다는 뜻입니다. 의역하면 '신세를 갚는다, 은혜를 갚는다' 정도가 되겠죠.

Not that I mind ~,

상대방이 '혹시 해 주기 싫어서 그러나?' 하는 오해를 하지 않도록 사전에 "아니, 내가 하기 싫어서 그러는 게 아니라 ~"라는 말부터 꺼낼 때가 있죠. 영어로는 Not that I mind ~라고 합니다.

Not that I mind helping you, 널 도와주기 싫어서가 아니라,
Not that I mind doing extra work, 일 더 하는 게(시간 외 작업을 하는 게) 싫은 게 아니라,

---

eventually

심하게 부부 싸움을 하긴 했는데 오늘 당장은 아니더라도 결국엔 또 화해하게 되겠지, 찔끔찔끔 읽고 있긴 하지만 언젠가는 이 책을 다 읽는 날이 오긴 오겠지… 이렇게 지금 당장은 아니지만 '언젠가는'이라는 뜻의 영어 표현이 eventually입니다.

I'll finish my homework eventually. 언젠간 숙제를 다 하긴 할 거야.
Eventually, she'll break up with her boyfriend. 걔, 결국 자기 남자 친구랑 헤어질걸.

---

such a drag

하기 싫은 일을 억지로 하면 진도도 안 나가고 지루하기 짝이 없죠. '지루하다', '내키지 않다'는 말을 영어로 표현할 때는 '질질 끈다, 계속된다'는 뜻의 drag라는 단어를 활용해 such a drag라고 합니다.

The movie was such a drag. 그 영화, 지루해서 죽는 줄 알았어.
Studying history is such a drag. 역사 공부는 정말 따분하다니까.

hold up

도로 사정이든 사업이든 뭔가 잘 풀리지 않고 막힌 것 같을 때, 혹은 아무리 기다려도 차례가 오지 않을 때 쓸 수 있는 표현이 hold up입니다.

Why aren't we moving? What's the hold up?
차들이 왜 안 움직이는 거야? 왜 이렇게 막히지?

What's holding up our sales? 왜 이렇게 장사가 안 되지?

---

get ~ done

빨래든 숙제든 해야 할 일을 끝내 놓는다는 표현을 영어로는 get ~ done이라고 합니다.

Why don't you get your homework done first? 우선 숙제부터 끝내 놓는 게 어떻겠니?
I got my piano practice done. 피아노 연습 다 했다.

 **Scene 12**

(after behind-the-wheel driving test)

Paul How did it go? Did you pass?

Jung-woo I did!

Paul Yay! See? It was nothing.

Jung-woo It wasn't nothing. I almost made a left turn on a red.

Paul What were you thinking, man? You need to pay attention to the road.

Jung-woo I was confused by a right turn.

Paul Good thing you stopped yourself.

Jung-woo No kidding!

Paul Well, now officially you got a driver's license!

Jung-woo The only thing I need now is a Camaro!

어휘

left turn 좌회전   right turn 우회전

on a red 적신호 시   pay attention to ~ ~에 집중하다

confuse 헷갈리다, 혼란스러워하다   No kidding! 그러니까 말이야!, 설마!

officially 공식적으로

해석

(도로 주행 시험을 본 후)

폴   어떻게 됐어? 합격했어?

정우   응!

폴   야호! 내 말이 맞지? 별거 아니잖아.

정우   별거 아닌 게 아니더라. 하마터면 빨간불에서 좌회전할 뻔했다니까.

폴   야, 넌 도대체 뭔 생각으로 그런 거냐? 정신 똑바로 차리고 운전해야지.

정우   우회전이랑 헷갈렸어.

폴   그래도 알아서 멈췄으니 다행이다.

정우   그러니까 말이야!

폴   자, 이젠 너도 공식적으로 운전면허증 소지자가 됐구나!

정우   이제 카마로만 있으면 완벽하다 이 말씀이지!

behind-the-wheel driving test

wheel은 '바퀴'라는 뜻도 있지만 '운전대'라는 뜻도 있죠. 그래서 behind the wheel 하면 '운전하다', behind-the-wheel driving test라고 하면 '운전 시험', 즉 '도로 주행 시험'을 뜻합니다.

When is your behind-the-wheel driving test? 너 도로 주행 시험 언제지?
My boyfriend is a monster behind the wheel. 내 남자 친구는 운전을 너무 과격하게 해.

How did ~ go?

시험을 어떻게 봤는지, 친구 소개팅이 어떻게 되었는지, 취업 면접을 본다더니 어떻게 됐는지 등등 결과가 궁금해서 묻는 표현입니다.

How did your first day go? (학교, 직장 등) 첫날 어땠어?
How did your job interview go? 취업 면접 어떻게 됐어?

It was not nothing. / It was nothing.

복잡한 고속도로 운전이 되었든 사법 고시가 되었든, 누군가에게는 별거 아닐 수도 있고 별거 아닌 게 아닐 수도 있죠. 영어로 '쉽다, 별거 아니다' 하는 표현은 It's nothing. '어렵다, 별거 아닌 게 아니다'라는 표현은 It's not nothing.입니다. 시제에 맞게 현재형, 과거형, 미래형으로 바꿔서 활용하면 돼요.

Highway driving is nothing. 고속도로 운전이야 아무것도 아니지.
I had to listen to him for an hour, and it was not nothing.
한 시간 동안 그 사람 말을 들어 줬는데, 이게 보통 일이 아니더라고.

No kidding.

학창 시절 찌질이로 유명했던 애가 갑부가 되었다는 소식을 듣고 믿기 어려워서 "설마! 그럴
리가!"라고 할 때도 No kidding! 앞의 대화문에서처럼 누군가의 의견에 동의하며 "그러게
말이야!"라고 할 때도 No kidding!

---

officially

동사무소에 가서 혼인 신고를 했다거나, 땅 매매 계약서에 도장을 찍었다거나, 이렇게 정식
절차를 거쳐서 '공식적으로, 정식으로' 인가를 받았다는 것을 영어로는 officially라고
합니다. 또한 법적으로 공증된 사안이 아니더라도 뚜렷하게 결정된 사안에 관해서는
officially를 사용할 수 있습니다.

We're officially husband and wife. 우리는 공식적인 부부입니다.
Now you officially own this house. 이제 이 집은 공식적으로 네 집이야.
Officially, she's now my girlfriend. 걔는 이제 공식적으로 내 여자 친구야.

🍔 문화산책

캘리포니아 미성년 운전면허법
- 15.5세부터 운전이 가능하다.
- Driver's Education Course(운전자 교육 과정)를 필수로 이수한 후 간단한 시험에 합격해야 한다.
- 주행 연습 프로그램을 이수해야 한다.
- 모든 준비가 끝나면 DMV(Department of Motor Vehicles–차량 관리국)에 가서 서류를 제출하고 정
  식 필기 시험 날짜를 잡는다. 온라인으로도 가능하다.
- 필기 시험 46 문제 중 38개 이상을 맞아야 합격한다.
- 시력 검사를 한다.
- 모든 절차가 끝나면 허가증(permit)을 받는데, 이때부터는 정식 운전면허증을 소지한 25세 이상의
  어른이 동승했을 시에 운전이 가능하다.
- 허가증(permit)을 소지하고 동승자와 함께 6개월 이상 무사고 운전을 하면 정식 캘리포니아주 운전
  면허증이 발급된다.

Scene 13

(on Jung-woo's birthday)

Dad Hey, son, come out to the driveway.

Jung-woo What gives?

Dad I've got something for you.

Jung-woo Oh, my gosh! Dad, is it what I'm thinking?

Dad Come out and see.

Jung-woo OK, Dad. I'll be right out.

(at the driveway)

Dad Tada! Happy birthday! This is your first car! What a historical moment for you!

Jung-woo It's an old … dented … also scratched … car.

Dad That's the best part. You just got your license, and you need to build driving skills without worrying about damaging the car.

Jung-woo … Yeah, you're right. This car cannot be damaged anymore.

Dad What do you say?

Jung-woo … Thank you, I guess.

어휘

driveway 차량 진입로   Tada! 짜잰!

dented 찌그러진   scratched 긁힌

damaging 손상시키는, 해로운   What do you say? 뭐라고 해야 하지?

해석

(정우의 생일날)

아빠   어, 아들, 차고 앞으로 좀 나와 봐.

정우   무슨 일인데요?

아빠   너한테 줄 게 있어서 그러지.

정우   세상에! 아빠, 제가 생각하는 바로 그건가요?

아빠   나와 보면 알겠지.

정우   알았어요, 아빠. 바로 나갈게요.

(차고 앞 차량 진입로)

아빠   짜잰! 생일 축하한다! 네 첫 차란다!
지금 이 순간이 너한텐 아주 역사적인 순간인 게지!

정우   낡고… 찌그러지고… 게다가 여기저기 긁힌… 차로군요.

아빠   그게 바로 제일 좋은 점이란다. 면허 딴 지 얼마 안 됐으니 차 망가뜨릴 걱정하지
않고 운전 실력을 쌓아야 하니까 말이야.

정우   …네, 맞는 말씀이시네요. 이 차는 망가뜨리려고 해도 더 이상 망가뜨릴 수도 없
겠어요.

아빠   이럴 때 하는 말이 있을 텐데?

정우   …감사하다고 해야겠죠.

What gives?

상대가 오늘따라 유독 신경 써서 옷을 차려입었다거나 평상시에 안 하던 행동을 할 때 "오늘 무슨 일 있어?", "무슨 바람이 불었대?"라고 묻는데요. 영어로는 What gives?라고 합니다.

You dressed up today. What gives? 오늘 옷 짝 빼입었네. 무슨 일 있어?

----

dent

자동차, 가전제품, 물건 등이 무엇에 찍히거나 받혀서 찌그러진 자국, 움푹 패인 자국을 영어는 dent라고 합니다. dent는 동사로 쓰이면 '찌그러뜨리다', 명사로 쓰이면 '찌그러진 자국'을 뜻합니다.

The refrigerator door is dented. 냉장고 문이 좀 찌그러졌어.
There's a dent on my car. 내 차에 찌그러진 자국이 있어.

----

scratch

누가 내 차를 긁었다, 여동생이 내 팔을 할퀴었다고 할 때 scratch라고 하는데요. dent와 마찬가지로 '긁다, 할퀴다'라는 동사로도 쓰이고, '긁힌 자국'이라는 명사로도 쓰입니다.

My cat scratched my hand. 우리 고양이가 내 손을 할퀴었어.
There are some scratches on the dining table. 식탁에 긁힌 자국이 몇 개 있어.

----

build

build의 뜻을 대개 '집이나 건물 등을 짓다'로만 알고 있지만 '실력, 능력을 기르다', '경험이나 신용을 쌓다'는 의미로도 사용할 수 있습니다. 또한 '명성을 쌓다', '앞날을 설계한다'고 할 때도 build를 쓸 수 있어요.

I need to build my credit. 신용 등급을 높여야 해.
He built a great reputation. 그 사람은 평판 하나는 끝내줘.

damage

염색을 많이 해서 머릿결이 상했다, 사업에 타격을 입었다, 물건이 망가졌다, 명예를 훼손시켰다. 이 모든 경우에 쓸 수 있는 표현이 바로 damage입니다.

My science grade might damage my GPA. 과학 점수 때문에 전체 평균이 내려가게 생겼어.
Stop banging on the wall. You'll damage it. 벽 좀 두드리지 마. 벽 다 망가지겠어.

What do you say?

"네가 내 숙제를 대신 해 주면 10달러 줄게. 어떻게 할래?" 이처럼 조건을 제시하고 답변을 구할 때, 혹은 어른이 아이에게 예의를 가르치기 위해 "감사합니다", "죄송합니다"라는 인사말을 유도하기 위해 "이럴 땐 뭐라고 한다고?" 물을 때 간단하게 What do you say? 라고 하면 됩니다.

I can give you thirty percent off. What do you say?
30프로 할인해 드릴 수 있는데. 어떻게 하실래요?

She gave you a free cookie. What do you say?
이분이 과자를 주셨네. 이럴 땐 뭐라고 해야 하지?

Scene 14

(lunch time at the school cafeteria)

 Jung-woo Spaghetti and meatballs! That's what I'm talking about.

 Paul Hey, watch!

 Chuck What the -! Did you just dump food on my shirt?

 Jung-woo Oh, I'm so sorry. I didn't mean to. Are you OK?

 Chuck Do I look OK to you, huh?

 Jung-woo Well … no. I-I'm terribly sorry.

 Paul Hey, Chuck, apparently, he didn't do that on purpose. Can you just let it go?

 Chuck What are you? A lawyer? If you wanna finish high school in one piece, you better stay out of this. Got it?

 Paul …

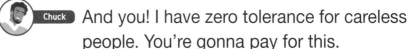 **Chuck** And you! I have zero tolerance for careless people. You're gonna pay for this.

watch 보다, 조심하다
terribly 심각하게, 정말
stay out of ~ ~하지 않게 하다, 물러나 있다
careless 부주의한

dump 버리다, 쏟다
in one piece 온전하게
tolerance 내성, 관용

해석

(점심시간 학교 구내식당)

정우　미트볼 스파게티! 바로 이거란 말씀이지.

폴　야, 조심해!

척　이런 ㅆ-! 너 지금 내 셔츠에 음식 쏟은 거냐?

정우　아, 정말 미안. 일부러 그런 건 아니야. 괜찮니?

척　네 눈엔 내가 괜찮아 보이냐, 어?

정우　아니… 안 괜찮은 것 같네. 정, 정말 미안해.

폴　척, 딱 봐도 얘가 일부러 그런 건 아닌데. 그냥 넘어가면 안 될까?

척　넌 또 뭐야? 변호사라도 돼? 무사히 고등학교 졸업하고 싶으면
　　넌 빠져 있어라. 알았냐?

폴　….

척　그리고 너! 난 조심성 없는 사람들은 도저히 참아 줄 수가 없거든.
　　네가 저지른 일에 대한 대가를 치러야 할 거다.

That's what I'm talking about.

눈앞에 맛있는 음식이 놓여 있을 때, 잘 차려입은 내 모습이 무척 만족스러울 때, 멋있는 이성을 만났을 때 등등 이렇게 뭔가가 아주 마음에 드는 상황에서 "그렇지! 바로 이거야!"라고 말하는데요. 영어로는 That's what I'm talking about.이라고 표현합니다.

What the!

우리에게 매우 친근한 욕인 What the fuck!을 순화한 표현입니다. 가장 중요한 fuck을 생략하고 뉘앙스만 남김으로써 누구나 쓸 수 있는 일상 표현으로 탈바꿈한 거죠. What the frick! 역시 What the!와 함께 일상적으로 사용되는 표현입니다.

Let it go. / Let ~ go. / Let go of ~.

미워하는 마음, 응어리진 감정, 분노, 서운함 등등 가슴에 품고 있어 봐야 좋을 것 하나 없는 감정들을 "그냥 잊어버려", "더 이상 생각하지 마"라는 의미의 표현입니다. 영화 〈겨울왕국(Frozen)〉의 주제곡 〈Let It Go〉도 주인공 엘사가 홀로 지켜 오던 비밀이 터지자 이젠 더 이상 숨길 것도 없다, 다 떨쳐 버리자는 내용이죠. 그리고 Let과 go 사이에 사람이 들어가면 그 사람을 놓아 보내라는 뜻이 됩니다. 또한 Let go of ~. 는 심적으로 괴로운 감정 외에도 공이든 밧줄이든 손에 들고 있는 물건을 물리적으로 놓으라는 표현으로 쓰입니다.

Holding a grudge is not good. Just let it go.
마음에 품고 있어 봤자 좋을 거 하나 없어. 그냥 잊어.

Let him go. (사별로 힘들어 하는 사람에게) 이제 그만 보내드려. / (헤어진 사람을) 그만 잊어. / (어디에 가고 싶어 하는 사람을) 그냥 보내 줘. 가게 해 줘.

Let go of the past. 과거는 잊어. /지나간 일은 잊어.
Let go of the rope. 줄 놔.

in one piece

학교생활을 무탈하게 잘 마쳤다, 아들이 전쟁에서 무사하게 잘 돌아왔다는 표현에서 '~을 무사히/무탈하게'를 영어로는 in one piece라고 표현합니다. 중간에 별탈 없이 온전하게 잘 끝냈다는 뜻입니다.

He finished his military service in one piece. 그는 무탈하게 군 복무를 마쳤다.
We have to keep her in one piece. 우리가 그 사람을 안전하게 지켜야 해.

----

stay out of ~

"넌 빠져", "난 빠져 있을게" 이런 말 많이 하죠? 어떤 상황에 개입하지 말라고 권고할 때, 스스로 개입하고 싶지 않을 때 쓰는 표현입니다.

You stay out of trouble. 문제에 개입하지 말고 넌 빠져.
Stay out of my room. 내 방에 들어가지 마.

----

zero tolerance for ~

껌 씹는 소리를 유난히 거슬려 하는 사람, 남이 내 말 자르는 걸 절대 못 견디는 사람… 사람마다 특별히 참을 수 없는 뭔가가 있게 마련이죠. '~는 참을 수가 없다 / 견딜 수가 없다' 라는 표현을 영어로는 '관용, 인내'란 뜻의 tolerance를 활용해서 zero tolerance for ~ / have no tolerance for ~ / don't have any tolerance for ~라고 말합니다.

He has zero tolerance for alcohol. 그 사람은 술을 한 방울도 못 마셔.
I have no tolerance for lazy people. 난 게으른 사람은 딱 질색이야.
I don't have any tolerance for leg bouncing / shaking.
난 다리 떠는 건 절대 못 봐주겠어.

Scene 15

 Jung-woo I-I'll wash it for you. I'll do it now.

 Chuck Oh, then I go to my next class dripping with water? You idiot!

 Jung-woo D-do you want me to wash and dry it at home and bring it back tomorrow?

 Chuck So I wander around topless for the rest of the day? So much for Asian brains.

 Jung-woo W-what do you want me to do? I'll do anything.

 Chuck Anything?

 Jung-woo Yes, anything.

 Chuck Hmmm … Give me your phone.

 Jung-woo My phone? … Here.

 Chuck This is my number. When I call, you run to me. Simple enough, right?

 Jung-woo … Right.

drip 물이 새다, 물이 떨어지다

idiot 바보, 얼간이

wander 돌아다니다, 배회하다

topless 상의를 탈의한

해석

정우 내, 내가 셔츠 빨아 올게. 지금 바로.

척 아, 그럼 난 다음 수업에 물 뚝뚝 흘리면서 들어가고? 이 멍청이야!

정우 그, 그럼 집에 가져가서 세탁하고 말려서 내일 가져올까?

척 그럼 난 오늘 온종일 웃통 벗고 다니라고? 동양 사람들 머리 좋다더니 별거 없네.

정우 그, 그럼 어떻게 할까? 뭐든 다 할게.

척 뭐든 다 하겠다?

정우 응, 뭐든 다.

척 흠… 전화기 이리 내놔 봐.

정우 내 전화기? … 여기.

척 이게 내 번호야. 내가 전화하면 바로 튀어 온다. 어때, 간단하지?

정우 … 응.

wander around

약속이 있는 것도 아니고 딱히 가 봐야 할 곳이 있는 것도 아니고, 그냥 '여기저기 어슬렁어슬렁 돌아다니다, 배회하다'를 영어로는 wander around라고 표현합니다. walk around를 사용해도 괜찮지만, 약간 생소하더라도 미국 사람들이 일상적으로 쓰는 표현인 wander around에 익숙해지는 것도 좋을 것 같습니다.

My dad has Alzheimer's and he wanders around at night.
우리 아버지가 치매를 앓고 계시는데 밤마다 정처 없이 돌아다니세요.

Don't wander around and come home right now.
여기저기 싸돌아다니지 말고 지금 당장 집으로 들어와.

I was down today, so I wandered around for an hour.
오늘 기분이 영 그렇길래 한 시간 동안 여기저기 무작정 걸어 다니다 왔어.

-less

topless라는 단어를 들어 보셨나요? 상의를 벗고 있는 사람(특히나 여성)에게 하는 말이죠. 이렇게 단어 뒤에 less가 붙으면 '~가 없는'이란 뜻이 됩니다. fearless는 '겁이 없는', careless는 '조심성 없는' 이런 식으로요.

You're shameless. 넌 창피한 줄도 모르는구나.
It's priceless. 그건 돈으로 환산할 수없어. / 그건 값을 따질 수가 없어.
Some people are pitiless to stray cats.
어떤 사람들은 버려진 고양이들을 너무 함부로 대해요.

for the rest of ~ / the rest of ~

죽는 날까지 널 잊지 않겠다, 남은 하루 동안 책만 읽을 것이다와 같이 '~가 끝날 때까지'라는
표현을 영어로는 for the rest of ~라고 합니다. 기간을 뜻하는 for를 빼고 the rest of
~만 보면 '~의 나머지'라는 뜻이 되는데요. 음식이나 물건이 뭐든 남아 있는 것을 말해요.

I'll remember you for the rest of my life. 죽을 때까지 널 기억할게.

What are you gonna do for the rest of the day? 남은 하루 뭐 하며 보낼 거야?

Who finished the rest of the bread? 빵 남은 거 누가 다 먹었어?

Take only one. I'll keep the rest of the ramen in the pantry.
하나만 가져가. 나머지 라면은 음식 저장고에 넣어 둘게.

---

so much for ~

소개팅 상대가 재벌 2세라고 해서 잔뜩 기대했더니 별거 없더라, 그렇게 유명한 와인이라더니
맛이 별로더라. 이렇게 기대에 못 미쳐 실망스러움을 나타낼 때 so much for ~로
표현합니다. 해석은 '~라더니 별것도 아니네'라고 합니다.

So much for being a millionaire. 백만장자라더니 별거 없네.

So much for winning the lottery! 복권 당첨은, 개뿔!

Scene 16

(after Chuck left)

 **Paul** You're hosed.

 **Jung-woo** I almost wet my pants.

 **Paul** Almost?

 **Jung-woo** I held it in.

 **Paul** I'm so proud of you, my friend.

 **Jung-woo** Who was that?

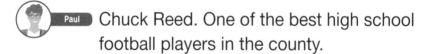 **Paul** Chuck Reed. One of the best high school football players in the county.

 **Jung-woo** That explains it. He's huge!

Paul And he's rough and tough. He's an alpha dog.

 **Jung-woo** I'm screwed, aren't I?

 **Paul** R.I.P. to you.

hosed 궁지에 몰려서   hold 잡다. 참다
county 구 (행정 구역)   huge 어마어마하게 큰
rough 거친, 힘든   alpha dog 우두머리
screw 꼬이다, 망치다   R.I.P. 고이 잠드소서. (Rest in Piece)

해석

(척이 자리를 뜨고 난 후)

폴   너, 재수 옴 붙었다.

정우   바지에 오줌 쌀 뻔했어.

폴   싼 게 아니라 쌀 뻔했다고?

정우   꽉 조이고 있었거든.

폴   네가 자랑스럽다, 친구야.

정우   근데 쟤 누구야?

폴   척 리드. 우리 구에서 제일 잘나가는 고교 풋볼 선수 중 한 명이야.

정우   어쩐지. 한 덩치 하더라!

폴   게다가 거칠지, 힘세지. 쟤가 일진이야.

정우   난 이제 죽었다. 그치?

폴   평안히 잠들길 바란다, 야.

be동사 + hosed

혼날 짓을 해서 엄마나 선생님께 불려간다거나 신경질적인 직장 상사에게 호출당한 경우, 남편의 비상금을 발견한 아내가 얘기 좀 하자고 하는 경우 흔히 "아, 이제 죽었구나", "재수 옴 붙었네", "똥 밟았다" 이런 말들을 합니다. 영어로는 〈be동사+hosed〉라고 표현하면 돼요.

My mom is sooooo mad at my brother. I think he's hosed.
우리 엄마가 형한테 엄청 화났거든. 우리 형은 이제 죽었다고 봐야지.

Am I hosed? 나 똥 밟은 거냐?

---

wet

wet은 동사로 '물 등의 액체에 젖는다'는 뜻이에요. 소변도 액체이기 때문에 '바지에 오줌을 쌌다, 지렸다'고 할 때 역시 wet을 사용합니다. 어린아이가 옷을 입은 채 쉬한 경우, 다 큰 어른이 너무 긴장한 나머지 오줌을 지린 경우 모두 wet으로 표현할 수 있습니다.

He wet his pants. 쟤, 바지에 오줌 쌌어.
Don't wet your bed. 침대에 오줌 싸지 마.

That explains it.

직장 동료에게 반갑게 아침 인사를 건넸는데 대꾸도 안 하고 휙 지나가 버립니다. 그런데 잠시 후 그 직장 동료가 어제 이혼 서류에 도장을 찍었다는 소식을 듣습니다. '아~ 어쩐지, 그래서 그랬구나!' 이렇게 이해나 납득이 가지 않던 상황이 한꺼번에 설명될 때 영어로는 That explains it.이라고 말합니다.

A Annie doesn't answer my phone anymore. I think she's mad at me.
애니가 이젠 내 전화를 안 받네. 나한테 화났나 봐.

B Oh, Annie lost her phone three days ago. 아, 애니 3일 전에 전화기 잃어버렸대.

A That explains it! 어쩐지, 그래서 그랬구나!

74

screwed

screw는 '나사'라는 명사로도 쓰이고 '비틀다, 꼬이다'라는 동사로도 쓰여요. 그래서
잘 진행되던 일이 틀어지거나 계획에 큰 차질이 생겼을 때, 혹은 이제 큰일 났다 싶을 때
'망했다', '일이 꼬였다' 하는 표현으로 screwed를 사용합니다.

Now I'm screwed. 나는 이제 망했다.

I screwed it up. 내가 일을 다 망쳐 놨어. / 나 때문에 일이 꼬였어.

You screwed up our vacation plans. 너 때문에 여행 가려던 계획이 다 엉망이 됐잖아.

R.I.P

Rest in Peace의 약자로 '고이 잠드소서', '평안히 잠드소서'라는 뜻입니다. 주로 묘비에
새겨져 있습니다.

 문화산책

county

카운티는 한국의 '구'에 해당하는 행정구입니다. 미국의 경우 보통 수백 개의 city(동)가 모여 county
를 구성하고, 수십 개의 county가 모여 state(주)가 됩니다. 캘리포니아의 경우 58개의 county, 482
개의 city를 가지고 있는데 LA나 샌프란시스코처럼 대도시는 물론 아주 작은 소도시들도 모두 city
에 해당합니다.

(lunch time at school)

 Chuck Hey, guess what I've got for you.

 Jung-woo Just tell me, Chuck.

 Chuck Oh, you want me to get to the point right away. I like your attitude.

 Jung-woo What do I need to do this time?

 Chuck My Algebra 1 homework. I know you'll love it! It's math!

 Jung-woo But, it's your homework. We're not supposed to do someone else's homework.

 Chuck You weren't supposed to ruin my shirt either. We have to make compromises in life.

 Jung-woo I've already done a lot of that. Isn't my debt paid off yet?

 Chuck The stain on my shirt won't come off. Thus, it can't be paid off, and I need an A on this homework.

 Jung-woo … Wouldn't it be better if I help you to solve the problems?

 Chuck Wouldn't it be better if you shut up and do my homework?

어휘

attitude 자세, 마음가짐   algebra 대수학

compromise 절충하다, 타협하다   debt 빚

해석

(학교 점심시간)

척   야, 내가 널 위해 뭘 준비했는지 맞혀 봐.

정우   그냥 말해, 척.

척   오, 바로 본론으로 들어가라 이거지. 네 자세 한번 마음에 든다.

정우   이번엔 뭘 하면 되는데?

척   대수학 1 숙제. 네 마음에 쏙 들 거야! 수학이잖냐!

정우   하지만 그건 네 숙제잖아. 다른 사람 숙제를 대신 해 주는 건 안 되는데.

척   내 셔츠를 망치는 것도 안 되는 일이었어. 살다 보면 타협이란 게 필요하지.

정우   그 일이라면 난 할 만큼 했다고 보는데. 이제 빚 다 갚은 거 아니었어?

척   내 셔츠에 든 얼룩이 빠질 생각을 안 해. 고로 이건 갚을 수 있는 빚이 아닌데다가 난 이번 숙제에서 꼭 A를 받아야 하거든.

정우   … 네가 문제 푸는 걸 내가 도와주는 편이 낫지 않을까?

척   그냥 입 닥치고 내 숙제를 대신 해 주는 편이 낫지 않을까?

get to the point

진짜 하고 싶은 얘기는 따로 있는데 말 꺼내기가 불편해서 말을 빙빙 돌려서 하는 사람, 워낙 말이 많아서 본론은 제쳐 두고 서론만 몇 시간씩 늘어놓는 사람에게 "요점만 말해"라고 할 때, 영어로는 Get to the point.라고 합니다.

I don't have time for your explanation. Get to the point.
네 설명 듣고 있을 시간 없어. 요점만 말해.

All right, all right. Why don't you get to the point?
그래, 알았으니까 본론만 말하면 안 될까?

When will you get to the point? 도대체 본론은 언제 말할 거니?

---

attitude

attitude는 '자세, 태도, 마음가짐'이라는 뜻이지요. good/positive attitude는 '자세나 태도가 좋다'는 뜻이고, bad/negative attitude는 '자세나 태도가 나쁘다'라는 뜻입니다. 상황과 억양에 따라서는 형용사 없이 attitude만으로도 태도가 좋지 않다, 건방지다'라는 표현으로 사용됩니다.

That's a good attitude. 아주 좋은 태도네. / 자세가 됐어.

She has a negative attitude. 걔는 태도가 틀렸어.

Your son showed me an attitude. 그쪽 아들이 저한테 아주 버릇없이 굴더군요.

---

make compromises

아내는 강남에서 살고 싶어 하는데 남편은 강북에서 살고 싶어 한다면 두 사람의 의견을 잘 절충해서 타협점을 찾아야겠지요. compromise가 바로 '절충, 타협'이란 뜻인데요. 앞에 어떤 단어와 함께 쓰이느냐에 따라 활용이 약간씩 달라집니다.

- **make compromises** 타협하다

  We made compromises on this issue. 이번 안건의 타협안을 찾았습니다.

- **reach a compromise** 절충안을 찾다 / 타협에 이르다
  Do you think South Korea and North Korea can reach a compromise?
  남한과 북한이 서로 타협할 수 있을 것 같아?

----

paid off

아파트 대출금, 학자금 대출금, 사업 실패로 진 빚, 친구들에게 소소하게 꾼 돈 등 빚 없이 사는 사람은 참 드문 것 같습니다. '대출금, 빚을 갚다, 탕감하다'를 영어로 **pay off**라고 하는데요. '금전을 갚는다'는 의미 외에 어떤 노력에 대한 '보상을 받는다'는 뜻으로도 쓰입니다.

I paid you off. 나 너한테 빚 다 갚았다.

It'll take forever to pay off my student loan.
학자금 대출 갚으려면 한 오백 년 걸리겠구나.

Your efforts finally paid off. 그렇게 열심히 하더니 드디어 빛을 보는구나.

Sooner or later, hard work does pay off.
뭐든 열심히만 하면 언젠가는 꼭 보상을 받게 되어 있어.

----

come off

옷에 묻은 케첩, 소파에 흘린 커피, 카펫에 싼 애완견 오줌 등등 빨리 손을 쓰면 얼룩을 뺄 수가 있죠. 이렇게 '얼룩을 빼다, 지우다'의 영어 표현이 **come off**입니다. 또한 신나게 삼겹살을 구워 먹고 나서 옷이며 머리카락에 밴 '냄새를 뺀다'는 뜻으로도 쓰입니다. 한 가지 더! 옷의 단추 등 어떤 사물의 부속품이 '떨어졌다'는 표현 역시 **come off**입니다.

The stain on the couch won't come off. 소파에 밴 얼룩이 빠지질 않네.

The smell of pork belly didn't come off. 삼겹살 냄새가 안 빠졌어.

※외국인들에게 '삼겹살'을 설명할 때 pork belly나 Korean bacon이라고 하면 이해가 빠릅니다.

The button came off your shirt. 네 셔츠 단추 떨어졌어.

Jung-woo But if I do, it might cause you problems.

Chuck What now? You're getting under my skin, you know?

Jung-woo No, seriously, the teacher will find out that someone else did your homework.

Chuck He's not psychic. He won't know.

Jung-woo An extreme grade change? It's obvious.

Chuck So, it is your fault.

Jung-woo How is it my fault?

Chuck You should've done all my homework then, so it's not so obvious.

Jung-woo What kind of logic is that?

Chuck It's my kind of logic! Just do my homework. It's due tomorrow.

어휘

cause 원인, 초래하다

seriously 진지하게, 정말로

extreme 극적인

logic 논리

get under one's skin ~를 짜증 나게 하다

psychic 초능력자

obvious 뻔한, 명백한

due 기한, 예정인

해석

정우 하지만 내가 대신 해 주면, 네가 곤란해질 수도 있을 텐데.

척 또 뭐? 너 진짜 짜증 난다, 어?

정우 아니, 진짜 심각하게 하는 말인데, 다른 사람이 숙제 대신 해 준 거 선생님이 알아차릴걸.

척 선생님이 무슨 초능력자도 아니고. 모른다니까.

정우 점수가 갑자기 오르는데도? 너무 티 나지.

척 그러니까 그게 다 네 잘못이야.

정우 그게 왜 내 잘못이야?

척 그동안 네가 내 숙제를 다 해 줬더라면 지금 이렇게 티 나지 않았을 거 아니냐.

정우 그게 도대체 무슨 논리야?

척 내 나름의 논리다! 빨리 내 숙제나 해. 내일까지 제출해야 한단 말이야.

A cause B problems.

내가 잠깐 다른 이성에게 한눈판 걸 친구가 내 애인에게 고자질했다면 그야말로 곤란한 입장이 되겠죠. '누군가를 난처하게 하다, 곤란하게 만들다'를 영어로는 A cause B problems.라고 합니다. cause는 '~ 때문에'라는 뜻의 because와 같은 뿌리로서 '원인을 제공하다'의 의미입니다.

She caused me problems. 걔 때문에 내가 난처하게 됐다니까.
Don't cause me any problems. 나한테 문제 될 일은 아무것도 하지 마.

What now?

하루 종일 이래라저래라 하는 아내에게 시달리다가 숨 좀 돌리려고 하는데 아내가 따라와서 또 뭔가를 요구한다면 남편 입장에서는 열이 받습니다. 이렇게 참다 참다 "도대체 또 뭐냐, 뭐 어쩌라는 거냐?"의 영어 표현이 What now?입니다.

A Oh, one more thing. 아, 한 가지 더.
B What now? 또 뭐?

---

get under one's skin

안 된다고 몇 번씩 얘기했는데도 계속 장난감을 사 달라고 조르는 아이, 싫다고 했는데도 계속 사귀자고 달려드는 이성 등 이쯤 되면 좀 알아서 그만해 줬으면 좋겠는데 정도를 모르고 끊임없이 신경 거슬리게 하는 사람들을 두고 '슬슬 짜증 나기 시작한다', '점점 신경에 거슬린다'고 하는 영어 표현이 get under one's skin입니다. 사람이든 이물질이든 살 밑으로 슬금슬금 파고들면 아무래도 거치적거리고 신경 쓰인다는 뜻으로 이렇게 표현합니다.

My brother always gets under my skin. 내 남동생은 날 항상 짜증 나게 만든다니까.
You better not get under her skin today. 오늘은 걔 성질 안 건드리는 게 좋을 거야.
I asked my teacher too many questions and think I got under his skin.
내가 질문을 너무 많이 해서 선생님을 짜증 나게 만든 것 같아.

'영적 능력자들'의 여러 명칭

일반인보다 영적인 능력이 뛰어나서 타인의 과거를 알아맞히고, 미래를 예언하고, 부적을
쓰고, 저주를 내릴 수 있는 사람들이 있습니다. 구체적으로 어떤 능력인가에 따라 그들을
칭하는 명칭도 조금씩 다른데요. 그 명칭들을 영어로 알아보겠습니다.

- 무당 shaman
- (부두교 등의) 흑마술사 witch doctor
- 점쟁이 fortune teller
- 점성술사 astrologist
- 초능력자 psychic
- 퇴마사 exorcist

---

due

"출산 예정일이 언제예요?", "도서 대출 반납 기한이 언제까지예요?" 이렇게 '기한',
'예정일'을 영어로는 due라고 합니다.

When is the baby due? 출산 예정일이 언제예요?

When are the library books due? 도서관에서 빌린 책들, 대출 만기일이 언제지?

Our math homework is due on Friday. 수학 숙제 금요일까지 제출해야 해.

Soccer registration is due tomorrow. 축구팀 가입하려면 내일까지 등록해야 해.

(after the choir practice)

 Jung-woo Hey, Rachel! Do you like watching movies?

 Rachel I like chick flicks.

 Jung-woo Um … Are you free tomorrow, by any chance?

 Rachel Wait! Are you asking me out?

 Jung-woo … A-Am I?

 Rachel You're so cute!

 Jung-woo I-Is it a yes?

 Rachel I'm so sorry, but I'm spoken for.

 Jung-woo Do you have a boyfriend?

 Rachel Unfortunately, I do.

어휘

chick 병아리, 여자 (속어)   flick 영화

ask 사람 out ～에게 데이트 신청하다   be spoken for 임자가 있다

unfortunately 불행하게도

해석

(합창단 연습 후)

정우   안녕, 레이철! 영화 좋아해?

레이철   여자 취향의 영화 좋아하지.

정우   음… 혹시 내일 시간 좀 돼?

레이철   잠깐! 지금 나한테 데이트 신청하는 거야?

정우   … 그, 그런가?

레이철   아우, 귀여워!

정우   그럼 바, 받아 주는 거야?

레이철   미안하지만, 난 임자가 있어.

정우   남자 친구가 있다고?

레이철   불행하게도 그렇단다.

chick flicks

chick은 속어로 '여자', flick은 '영화'라는 뜻이에요. 그래서 chick flicks는 '여자들이 좋아하는 영화', 즉 '여성 취향의 영화'를 의미해요. 우리가 잘 아는 Netflix(넷플릭스)도 Internet과 flicks의 합성어입니다. 단, flicks의 마지막 세 철자 cks를 x로 줄여서 사용했을 뿐이죠.

---

by any chance / by chance

"혹시 오늘 시간 괜찮아?", "혹시 돈 가진 것 좀 있니?" 이렇게 내게 필요한 것을 상대방이 가지고 있었으면 좋겠다는 마음으로 물을 때 '혹시'에 해당하는 영어 표현이 by any chance입니다. 그런데 any를 빼고 by chance가 되면 '우연히', '운 좋게'라는 뜻으로 그 의미가 변합니다.

Do you have four quarters by any chance? 너 혹시 25센트짜리 네 개 있니?
Did you hear anything about him by any chance? 너 혹시 그 사람 얘기 뭐 들은 거 없어?
I met him by chance at the park yesterday. 어제 공원에서 우연히 그 사람을 만났어.
I took a great pic of hawks by chance. 운 좋게 내가 엄청 멋진 매 사진을 찍었다는 거 아니니.

---

ask 사람 out

마음에 드는 이성에게 데이트 신청하는 것을 영어로는 〈ask 사람 out〉이라고 합니다. 만나서 무엇을 할 것인가를 구체적으로 설명하는 경우에는 뒤에 for ~를 덧붙여 주면 돼요. 그녀에게 저녁을 같이 먹자고 한 경우라면 I asked her out for dinner. 이런 식으로요.

I asked her out. 나, 걔한테 데이트 신청했어.
Should I ask her out? 걔한테 데이트 신청 한번 해 볼까?
He asked me out for brunch. 그 남자가 나한테 같이 브런치 먹으러 가자고 하더라.
She asked him out for a play. 걔, 그 남자한테 같이 연극 보러 가자고 했대.

Is it a yes? / Is it a no?

"할래, 말래?", "갈래, 말래?", "좋아, 싫어?" 이렇게 단답형의 질문을 던졌는데 상대방이 뜸
들이며 미적지근한 태도를 보이면 "그래서, 한다는 거야?", "그래서, 안 가겠다는 거야?",
이렇게 재차 묻게 되는데요. 그 질문을 영어로는 Is it a yes? / Is it a no?라고 합니다.
"그래서 좋다는 거야, 싫다는 거야?"라고 한꺼번에 묻고 싶다면 Is it a yes, or a no?라고
하면 돼요.

A Do you wanna go to the park with me? 나랑 같이 공원 갈래?

B Well … it would be nice to go to the park, but I think it's a little chilly for
   me. I need to walk, though.
   글쎄… 공원에 가면 좋긴 하지만, 좀 쌀쌀한 것도 같고. 그래도 걷긴 좀 걸어야 할 텐데.

A So, is it a yes, or a no? 그래서 가겠다는 거야, 말겠다는 거야?

I'm spoken for.

임자가 있는 물건의 경우에 It's taken.이라고 하죠. 물론 사람의 경우에도 "나는 임자가
있다"고 할 때 I'm taken.이라고 말하기도 하지만, I'm spoken for.라는 표현도
사용합니다. 아무개의 여자 친구, 남자 친구라고 이미 '언급된' 상태라는 뜻이에요.

My brother is spoken for. 우리 오빠 임자 있어.

I'm not spoken for. 난 임자 없는 몸이야.

All the pretty ones are spoken for. 예쁜 얘들은 죄다 임자가 있다니까.

Scene 20

 Jung-woo Oh … I-I didn't know that.

 Rachel Of course, you didn't. You're new here.

 Jung-woo Well, how long have you been together?

 Rachel A little over a year.

 Jung-woo … You must be serious about him.

 Rachel Jung-woo, I'm sorry if you had eyes for me.

 Jung-woo You don't need to be. No hard feelings. I'm just thinking how lucky your boyfriend is.

 Rachel Do you think he is?

 Jung-woo Are you kidding? He's one lucky guy!

 Rachel You're so nice. I knew it at first sight.

 Jung-woo Thank you, but being nice doesn't do anything for me most of the time.

어휘

have eyes for ~ ~에 눈독을 들이다   hard feelings 부담감
at first sight 첫눈에   most of the time 보통은

해석

정우   아… 모, 몰랐어.

레이철 당연히 몰랐겠지. 이제 막 전학 왔는데.

정우   그럼 사귄 지는 얼마나 됐어?

레이철 일 년 좀 넘었지.

정우   … 꽤 진지한가 보구나.

레이철 정우야, 나한테 관심 있었던 거라면 미안하게 됐다.

정우   미안할 거 없어. 부담 느끼지 않아도 돼. 난 그냥 네 남자 친구가 참 복도
        많다 싶어서 그러지.

레이철 복이 많은 거 같아?

정우   그걸 말이라고 해? 네 남자 친구야말로 행운의 사나이지!

레이철 넌 참 착해. 첫눈에 알아봤다니까.

정우   고맙긴 한데, 착해서 되는 일은 거의 없더라고.

How long have 사람 been ~?

"사귄 지 얼마나 됐어?", "물 끓기 시작한 지 얼마나 됐어?", "미국에 온 지 얼마나 됐어?"
이렇게 기간을 물을 경우 How long have 사람 been ~? 구문을 활용하면 됩니다.

How long have you been married? 결혼하신 지 얼마나 됐어요?
How long has he been watching TV? 쟤 TV 보기 시작한 지 얼마나 된 거야?

---

must be ~

내 예상이 확실하게 맞을 것 같을 때 '아무래도 ~인 것 같다'라는 표현으로 must be ~를
사용합니다. 또한 '~해야만 한다'는 뜻으로도 쓰이는데, 반대로 '~하면 안 된다'고 말할 때는
must not be ~라고 하면 됩니다.

He knows everything about cars. He must be a mechanic.
그 사람 차에 대해서라면 모르는 게 없더라고. 아무래도 자동차 정비사 같아.

We must not be late for the plane. 비행기 시간 놓치면 안 돼.

---

have eyes for ~

멋진 이성이나 마음에 쏙 드는 물건 등 특정한 대상에게 관심, 호감이 있을 때 흔히 '찍었다,
눈도장 찍었다, 눈독 들여놨다'고 표현합니다. 영어에도 비슷한 표현이 있는데 have eyes
for ~ 구문이 바로 그것입니다.

I have eyes for her. 내가 걔 찍었어.
I'm wondering who you have eyes for. 네가 누구한테 관심이 있는지 궁금한걸.
She has eyes for her personal trainer. 걔, 자기 개인 트레이너한테 눈독 들이고 있어.

No hard feelings.

영업 사원이 열심히 제품의 필요성을 설명하다가 "부담 갖지 마세요, 안 사셔도 돼요." 부장님이 오늘 자기 생일이니 특별히 회식을 하겠다고 하면서 "어, 부담 갖지 마. 참석 안 해도 돼." 남에게 뭔가 강요하는 것 같은 느낌이 들어서 "부담 갖지 마, 안 해도 돼."라고 말하는 경우에 사용할 수 있는 표현이 바로 **No hard feelings.**입니다.

You don't have to buy it. No hard feelings. 안 사셔도 돼요. 부담 갖지 마세요.

You can say no. No hard feelings. 싫으면 싫다고 하셔도 돼. 부담 갖지 마시고요.

---

at first

첫눈에 사람을 알아보다, 첫눈에 사람을 판단한다고 할 때 '첫눈에'를 영어로 at first sight 라고 하는데요. 만약 '언뜻 보기에 어떻다'고 말하고 싶다면 at first glance라고 하면 됩니다.

I knew he's not a good guy at first sight. 그 사람이 좋은 사람이 아니라는 건 첫눈에 알아봤어.

You can't judge people at first glance. 사람을 그렇게 대충 보고 판단하면 안 되지.

CHAPTER -08-

Scene 21

(at the school football field)

Jung-woo There's Rachel. She's cheerleading.

Paul Yeah, your ex-Venus.

Jung-woo What a treat it is to look at her! She's quite the looker!

Paul So, you're still into her.

Jung-woo Our feelings are beyond our control.

Paul But, at least, try not to stare at her.

Jung-woo I'm just … Hold it! What are they doing?

Paul Who's doing what?

Jung-woo Is Rachel kissing Chuck?

Paul Oh, crap!

어휘

ex 전남편, 전처, 전 애인   treat 간식, 접대, 만족을 주는 대상

quite 꽤, 상당히   looker 출중한 외모의 사람

be into ~ ～에 빠지다   stare at ~ ～을 뚫어지게 쳐다보다

crap 쓰레기, 망할

해석

(학교 풋볼 경기장)

정우   저기 레이철이다. 치어 리딩 하고 있구나.

폴   어, 너의 전 여신이네.

정우   이렇게 바라볼 수 있다니 이게 웬 횡재야! 완전 시선 강탈!

폴   그러니까 넌 아직도 쟤한테 빠져 있는 거네.

정우   감정이 어디 마음대로 되나.

폴   그래도 최소한 뚫어져라 쳐다보는 건 좀 하지 말지.

정우   난 그냥… 잠깐! 쟤네 지금 뭐 하는 거야?

폴   누가 뭘 한다고 그래?

정우   레이철이 척한테 키스하는 거야?

폴   아, 하필이면!

표현 파헤치기

ex

지금은 이혼했지만 한때 부부의 연으로 묶였던 사람, 지금은 헤어졌지만 전에 사귀던 사람 등을 영어로 칭할 때 ex를 사용합니다. ex-girlfriend(전 여자 친구), ex-husband(전남편), 이런 식으로요. 그런데 husband, wife, girlfriend, boyfriend를 다 떼어내고 아주 간단하게 ex만으로도 그 의미가 충분히 전달됩니다.

Brad Pitt is Jennifer Aniston's ex. 브래드 피트는 제니퍼 애니스톤의 전 남편이야.

What a/an ~!

길 가다 예쁜 여자를 보고 "너무 예쁘다!", 공부도 안 하는 것 같은데 시험만 봤다 하면 만점을 받는 친구를 보고 "머리 한번 끝내주게 좋네!" 이렇게 감탄조로 말할 때 쓰는 표현이 What a ~입니다. 본문에 나온 What a treat!은 "이게 웬 떡이야!", "너무 좋다!", "횡재했다!" 등의 표현으로 자주 쓰여요.

Look at that guy. What a hunk!
저 남자 좀 봐. 대박 멋있어!

He told on me to the teacher. What a jerk!
걔가 선생님께 나를 일러바쳤다니까. 나쁜 놈!

quite the ~

단어 quite에는 '상당한, 아주, 꽤'라는 뜻이 있습니다. 그래서 quite the ~하면 놀랄 만큼 '상당한 무엇', '대단한 무엇'이라고 해석하면 돼요. 본문에서의 quite the looker는 계속 눈이 가는 '엄청난 미인'이라는 뜻입니다. 또한 경치가 말도 못 하게 좋다거나 야구 선수가 어려운 공을 받았을 때도 활용할 수 있는 구문이 바로 quite the ~입니다. 주의할 점은 quite와 quiet(조용한), 두 단어의 스펠링과 발음을 잘 구별해서 써야 한다는 것입니다.

Our hotel room has quite the view. 우리 호텔 방 경치가 완전히 끝내줘.
My two kids are quite the opposite. 우리 두 애는 성향이 완전 반대예요.

94

be동사+into

이성에게 푹 빠져 있다, 재밌는 책에 푹 빠져 있다, 어떤 운동에 푹 빠져 있다. 이렇게 특정 대상에게 '푹 빠져 있다'에 해당하는 영어 표현이 〈be동사+into ~〉입니다.

He's so into Lego. 걔, 레고에 푹 빠졌어.

She's into YouTube these days. 그 사람 요새 유튜브에 빠져 있어.

I'm so into K-pop. 난 K팝에 푹 빠졌어.

---

beyond ~

beyond는 '~ 너머, ~ 뒤편에'라는 물리적인 거리 외에 '능력 밖의', '~의 힘으로는 어쩔 수 없는'이라는 능력의 한계를 뜻하기도 합니다. 수평선 너머에 떠 있는 배를 표현할 때도, 내 힘으로 할 수 없다는 뜻을 표현할 때도 beyond를 사용합니다.

Life and death are beyond human control. 생사는 인간이 어쩔 수 없는 일이다.

That's beyond my field of knowledge. 그건 내 분야가 아니야.

He lives beyond city limit. 그 사람은 도시 경계선 너머에 살아.

'다양한 시선'을 영어 표현으로

째려보다, 응시하다, 불쌍하게 보다, 멍하게 쳐다보다 등등 상황이나 감정에 따라 다양하게 변하는 시선을 영어로 알아보겠습니다.

look 쳐다보다   look away 외면하다, 시선을 돌리다

look at ~ with pity 동정 어린 눈으로 쳐다보다

give a mean look 못된[화난] 얼굴로 쳐다보다

watch (영화, TV, 과정 등을) 보다   stare (한 가지를 뚫어지게) 응시하다, 째려보다

glance 휙 대충 훑어보다, 흘끗 보다   give a sidelong glance 곁눈으로 보다

zone out 초점을 잃은 멍한 눈   leer (기분 나쁜) 추파를 던지다

Scene 22

 Jung-woo I can't believe my eyes. What did I just see?

 Paul You saw the moment of truth.

 Jung-woo Moment of what? You mean … Rachel and Chuck … those two are …

 Paul What you're thinking is right.

 Jung-woo So you knew Rachel has a boyfriend, and it's Chuck.

 Paul … Maybe?

 Jung-woo How could you hide it from me this whole time?

 Paul I just wanted you to join our choir and when things started getting ugly between you and Chuck, I couldn't tell you because I didn't wanna shock you.

 Jung-woo Oh, how thoughtful you are!

 Paul I knew you'd be bummed.

어휘

can't believe my eyes 보고도 믿기지가 않는다

this whole time 쭉, 줄곧

thoughtful 사려 깊은

hide 숨기다

ugly 못생긴, 꼴사나운

be bummed 기가 막히다

해석

정우 지금 이게 다 무슨 일이야? 방금 내가 뭘 본 거야?

폴 진실의 순간을 본 거지.

정우 뭔 순간? 그러니까 네 말은… 레이철이랑 척이랑… 저 둘이서…

폴 네가 생각하는 게 맞아.

정우 그럼 넌 레이철한테 남자 친구가 있다는 것도, 그게 척이라는 것도 알고 있었다는 거네.

폴 … 아마도?

정우 어떻게 이제까지 나한테 그걸 숨길 수가 있어?

폴 난 그냥 너 합창단에 들어오게 하려고 그런 건데, 척하고 네 사이가 꼬이고 난 후에는 네가 충격받을까 봐 말 못 했지.

정우 아, 참 사려 깊기도 하셔라!

폴 네가 얼마나 기막혀할지 잘 아니까 그랬지.

can't believe ~

일어난 사실을 믿을 수 없을 때, 내 눈으로 보고도 믿기지 않을 때, 내가 겪고도 아니라고
부정하고 싶을 때 "네가 나한테 어떻게 그럴 수가 있어?", "믿을 수가 없어"라고 말하는데요.
영어로는 can't believe ~ 라고 합니다.

I can't believe my eyes. 내 눈을 믿을 수가 없어.
I can't believe you. 네가 어떻게 그럴 수가 있어? / 넌 사람이 어째 그래?
She said she couldn't believe what happened to her parents.
자기 부모님한테 그런 일이 생겼다는 걸 인정할 수가 없다고 그러더라고.

---

hide ~ from 사람

물건이나 어떤 사실을 숨긴다고 할 때 hide를 쓰죠. 그런데 누구에게 숨기는지를 명시하고
싶다면 'from 사람'을 덧붙여 주면 됩니다.

She hid what really happened from me. 걔가 무슨 일이 있었는지를 나한테 숨겼다니까.
He hid his report card from his mom. 걔, 엄마한테 안 보여 주려고 성적표를 숨겼어.
I hid my new toy from my younger brother.
내 새 장난감을 남동생이 보지 못하게 숨겨 뒀지.

---

this whole time

this whole time은 '이제껏, 쭉, 여태껏, 그동안, 이때까지'라는 뜻인데요. this whole
time과 같은 뜻으로 쓰이는 표현들로는 whole time, all times, all this time, all the
time, at all time, the entire time, this long, till now 등이 있습니다.

Have you been lying to me all this time? 여지껏 나한테 거짓말을 해 온 거야?
Was she in pain the entire time? 그 사람 이제껏 쭉 통증에 시달려 온 거야?

ugly

'못생긴'이란 뜻의 단어 ugly의 색다른 활용법에 대해 알아보겠습니다. 일이 이상하게 돌아갈 때, 일이 자꾸 꼬일 때, 원하는 방향과 어긋날 때 ugly를 사용할 수 있어요. 보기 좋지 않다는 맥락에서 생각하면 이해하기 쉬울 거예요. 구어체로 not pretty를 쓰기도 합니다.

You should see how they hate each other. It's not pretty.
걔네가 서로 얼마나 미워하는지 네가 봐야 하는데. 아주 가관이라니까.

Things are getting ugly at work. 직장 일이 갈수록 문제네.

---

bummed

소풍 간다고 좋아하며 며칠을 설렜는데 소풍 당일 폭우가 쏟아져 계획이 취소된다면 정말 속상하겠죠. '속상한, 안타까운, 황당한, 기막힌'이라는 뜻의 영어 표현이 bummed입니다. 명사형으로 bummer를 사용할 수도 있어요.

I'm so bummed. 정말 황당해. / 진짜 속상하다.

She bummed me out. 내가 걔 때문에 기가 막혀서 정말.

That's a bummer! / What a bummer! 아우, 어떡해!

Scene 23

 Jung-woo Is this your so-called friendship? Tricking and hiding?

 Paul I'm sorry, man.

 Jung-woo Cripes! Rachel's boyfriend has been bullying me!

 Paul I know. God is cruel sometimes.

 Jung-woo Don't you think YOU were cruel to me?

 Paul Can you drop it, please?

 Jung-woo … Do you think Rachel knows I'm her boyfriend's flunky?

 Paul You're not a flunky.

 Jung-woo Flunky, servant, whatnot.

 Paul I bet Rachel knows what kind of person Chuck is.

so-called 소위 말하는   cripes 세상에!

bully 불량배, 괴롭히다   cruel 잔인한, 잔혹한

drop 떨어뜨리다, 그만두다   flunky 하인, 똘마니

whatnot 이것저것

해석

정우   네가 말하는 우정이란 게 고작 이런 거냐? 속이고 숨기는 거?

폴   미안하다, 야.

정우   세상에! 날 괴롭히던 게 레이철 남자 친구였다니!

폴   그러게 말이다. 신은 가끔 참 잔인하기도 하시지.

정우   네가 잔인하다는 생각은 안 들고?

폴   그냥 좀 잊어 주지?

정우   … 내가 자기 남자 친구 똘마니라는 걸 레이철이 알고 있을까?

폴   네가 무슨 똘마니야.

정우   똘마니든 하인이든 뭐든 그게 그거지.

폴   레이철도 자기 남자 친구가 어떤 사람인지는 잘 알고 있을 거야.

so-called

사람들이 소위 말하는 명예, 정치인들이 말하는 권력, 네가 말하는 우정… 이렇게 '소위 말하는'이라는 뜻의 영어 표현이 바로 **so-called**입니다.

Is this his so-called love? 이게 그 사람이 말하는 사랑이란 건가요?
This is a so-called masterpiece. 이게 소위 말하는 명작이라는 거다.

Don't you think YOU were cruel to me?

문장 중간에 있는 **YOU**가 뜬금없이 대문자로 표기된 건 바로 강조의 표현인데요. 그 부분에 힘을 줘서 높은 톤으로 크게 말한다는 뜻입니다. 예를 들자면 "그게 어떻게 내 잘못이니? 네가 잘못한 거잖아, 네가!" 이런 식으로 강조하고 싶은 부분에 힘줘서 말하는 거죠. 소문자 대문자가 따로 있는 영어에서는 이 부분을 대문자로 표현해서 뉘앙스를 강조하는 것입니다.

---

drop

drop은 '~을 떨어뜨린다'는 뜻의 단어인데요. 손에 들고 있는 물건을 떨어뜨리는 경우는 물론 다른 의미로도 활용 범위가 아주 넓습니다.

• **애완견에게 물고 있는 것을 놓으라고 할 때**
  Cookie, drop your toy. 쿠키야, 장난감 놔.

• **생각, 집착을 접으라고 할 때**
  Drop it, and don't think about it anymore.
  그만 잊어버리고, 거기에 대해서는 다시 생각하지 마.

• **신청했던 수업, 강의를 취소했다고 할 때**
  I dropped physics this semester. 이번 학기에 물리 과목 수강 취소했어.

- 중퇴했다고 할 때

I dropped high school. / I'm a high school dropout.
나 고등학교 중퇴야.

---

whatnot

"별명이 바보든 멍청이든 뭐든 그게 뭐 상관이야?" 이 문장에서 '뭐든'에 해당하는 단어가
바로 whatnot입니다. '여러 가지, 이거든 저거든'이라는 뜻으로 whatever의 색다른
표현인데요. 우리말 "뭔들 아니겠어?"와 가장 가까운 표현이라고 보면 될 것 같아요.

We need soap, shampoo, towels, and whatnot.
비누, 샴푸, 수건, 이거저거 다 필요하지, 뭔들 안 필요할까.

At the zoo, we'll see tigers, elephants, pandas, and whatnot.
동물원에 가면 호랑이도 볼 수 있고, 코끼리도 볼 수 있고, 판다도 볼 수 있고 다 볼 수 있어.

 문화산책

종교 갈등으로 인한 표현의 변화
미국에 외국인 이민자가 늘어나면서 자연스레 종교 갈등이 커지고 있는 상황입니다. 다른 뜻 없이 습
관적으로 말하던 Thank God! / Oh, my God! / Merry Christmas! 등의 표현들이 특정 종교만 앞
세우는 차별적 발언이라는 반발이 거세지면서 모든 종교를 아우를 수 있는 대체 표현들이 속속 등장
했습니다.
Thank God! ➡ Thank Goodness!
Oh, my God! ➡ Oh, my Goodness! / Oh my gosh!
Merry Christmas! ➡ Happy Holiday!
Jesus Christ! ➡ Christ! ➡ Cripes!

(at school)

 Jung-woo If she knows Chuck, why on earth is she still with him?

 Paul What's wrong with it?

 Jung-woo Why would a girl like Rachel, who is super nice and adorable, date a guy like Chuck? He's ignorant and mean as hell.

 Paul So, you think the good ones should only date nice guys.

 Jung-woo Doesn't it make sense?

 Paul In fairy tales, yeah, but reality is different.

 Jung-woo What's the diff?

 Paul Girls in real life like big, manly, muscular men. That's the diff.

 Jung-woo It's sickening.

 Paul I totally agree, but we can't change reality.

on earth 도대체

adorable 예쁜, 사랑스러운

ignorant 무식한

mean 못된

as hell 엄청

make sense 말이 되다, 이해가 되다

fairy tales 동화

reality 현실

diff 차이점 (difference의 준말)

manly 남자다운

sickening 구역질 나는

해석

(학교)

정우　척이 어떤 애인지 안다면, 레이철은 대체 왜 아직도 척이랑 사귀는 걸까?

폴　그게 뭐 어때서?

정우　레이철처럼 착하고 예쁜 사람이 왜 척 같은 애랑 사귀는 거냐고? 그렇게 무식하고 못돼 먹은 녀석이랑 말이야.

폴　그러니까 너는 좋은 여자는 좋은 남자만 만나야 한다는 거구나.

정우　그래야 말이 되는 거 아니야?

폴　동화 속에서야 그렇겠지만 현실은 좀 다르지.

정우　뭐가 다른데?

폴　현실에서는 여자들이 덩치 크고 남자답고 근육질인 남자들을 좋아하지. 그게 차이점이야.

정우　정말 싫다.

폴　나도 동감이다만 현실을 바꿀 수는 없으니까.

Why on earth? vs. What on earth?

서로 죽고 못 살던 연인이 어느 날 갑자기 헤어졌다는 소식을 들었을 때 "아니, 도대체 왜?"
라는 반응과 "그게 뭐 말도 안 되는 소리야?"라는 반응이 있을 수 있겠죠. 차이를 살펴보면
"아니, 도대체 왜?" 이렇게 이유에 초점을 둔 표현이 바로 Why on earth?이고, "그게
뭐 말도 안 되는 소리야?" 이렇게 이해할 수 없음에 초점을 둔 표현이 What on earth?
입니다. What the heck?과 같은 뉘앙스라고 보면 돼요. 단, Why on earth?, What on
earth? 두 표현 모두 이해가 힘든 상황에 쓰는 표현이므로 정확히 구분해서 쓰고자 너무
노력할 필요는 없습니다.

Why on earth did everyone buy up all the toilet paper?
왜 다들 화장지를 사재기하는 거지?

What on earth? Everyone bought up all the toilet paper.
이게 다 뭐 일이야? 화장지 사재기를 하고 난리들이네.

~ as hell

그냥 심심한 게 아니라 '더럽게' 심심하다, 못되도 '너무' 못돼먹었다처럼 극심함의 정도를
강조하고 싶을 때 쓸 수 있는 표현이 ~ as hell입니다. '더럽게 ~하다', '지나치게 ~하다'라고
해석하면 돼요. 비슷한 뜻으로 자주 쓰이는 표현으로는 way too ~가 있습니다.

She's stubborn as hell. / she's way too stubborn. 걔, 더럽게 고집 세다니까.
He's skinny as hell. / She's way too skinny. 그 사람 말라도 너무 말랐어.

줄여서 말하기

본문에서 What's the difference?의 difference를 짧게 줄여서 diff라고 표현했습니다. "안녕하세요?"를 줄여서 "안녕하삼?"이라고 하는 것과 같아요. 그럼 different처럼 줄여서 말하는 단어들을 좀 더 살펴볼까요?

comfy – comfortable   Congrats – Congratulations

mayo – mayonnaise   vet – veterinarian

No prob – No problem   pic – picture

sis – sister   bro – brother

sec – second   veggie – vegetable

---

sick

sick에는 '아픈'이라는 뜻 외에 어떤 상황이 '역겹다, 구역질 난다'라는 뜻도 있습니다. 부패한 정치인들을 보며 '진짜 구역질 난다'라고 말하는 것과 같은 맥락의 표현이에요. sick을 활용한 영어 문장들을 살펴보도록 하죠.

Some criminals kidnap people and kill them for their organs.
It's sickening.
어떤 범법자들은 장기를 팔아먹으려고 사람들을 납치해서 죽인대. 정말 구역질 나.

The serial killer murdered his fifth victim. That's sick!
연쇄 살인범이 다섯 번째 살인을 저질렀대. 정말 이건 아니다!

Look how mean he is to his kids. He makes me sick.
저 사람, 자기 애들한테 얼마나 못되게 구는지 좀 봐. 정말 역겨운 사람이야.

That movie was way too bloody. I feel sick to my stomach.
그 영화 잔인해도 너무 잔인해. 토할 것 같아.

Scene 25

 Jung-woo I can't change reality, but I can change myself.

 Paul Change yourself? In terms of?

 Jung-woo I need to get big and muscular.

 Paul You want to change your body?

 Jung-woo Exactly! I'm still not done with puberty, so I've got room to stretch. And muscles? I can work out.

 Paul Well, I admire your passion, but … I don't know.

 Jung-woo I think I'll give it a shot.

 Paul You sound gung-ho, but don't expect it to win over Rachel. She has Chuck.

 Jung-woo I wanna try my hardest.

 Paul Way to go, my friend!

in terms of ~ ~측면에서는   exactly 정확히, 바로

puberty 사춘기   room 방, 공간

admire 존경하다   passion 열정

give it a shot 시도해 보다   gung-ho 열성적으로

win over ~ ~을 차지하다   hardest 최선

해석

정우 현실은 바꿀 수 없지만, 내가 나를 바꿀 수는 있지.

폴 널 바꾼다? 어떤 식으로?

정우 덩치랑 근육을 키워야겠어.

폴 몸을 바꾸겠다고?

정우 그렇지! 아직 사춘기니까 키는 더 클 거고. 근육? 그거야 운동하면 되지.

폴 글쎄, 열정은 참 가상하다만… 글쎄다.

정우 한번 해 보는 거지, 뭐.

폴 으샤으샤 정신인 건 알겠는데, 그렇다고 그걸로 레이철을 뺏을 수 있을 거라
는 기대는 접어라. 걔 남자 친구가 척이다.

정우 하는 데까지 해 보고 싶어.

폴 내 친구 참 장하구나!

in terms of ~

"국가 입장에서 생각하면 좋은 일이지", "뭔가 배웠다는 점에서 본다면 그렇게 나쁜 일만도 아니었어"처럼 '~ 면에서, ~ 식으로, ~의 관점에서'라는 뜻으로 사용할 수 있는 영어 구문이 in terms of입니다.

He likes his job, but in terms of money, it's not great.
그 사람 자기 직업을 좋아하지만, 수입 면에서 보면 영 별로야.

India is number two in terms of population.
인구로만 따진다면 인도가 세계에서 2등이지.

I've got room to/for ~

room은 '방'이라는 뜻 외에 '공간, 자리'라는 뜻도 있습니다. '한 사람 더 앉을 자리가 있다, 일 인분 더 먹을 배는 남아 있다'고 표현할 때도 room을 씁니다.

I've got room for dessert. 디저트 먹을 배는 남아 있어.
We have room for five more people. 다섯 명 더 받을 자리는 있어.

Give it a shot. vs. Give it a chance.

Give it a shot.과 Give it a chance.가 같은 뜻이라고 생각하는 분들이 의외로 많은데요. 엄연히 다른 뜻입니다.

Give it a shot. 은 '한번 시도해 보다, 도전해 보다'라는 뜻입니다. "공무원 시험에 한번 도전해 봐", "데이트 신청 한번 해 봐" 등의 경우에 사용되죠. 즉, 상대방에게 시도를 권유하는 표현입니다.

Give it a chance. 는 '기회를 주다'라는 뜻인데 만약 친구가 "오늘 비 온다더니 날만 좋네"라고 했을 때 "기다려 봐. 오후에 비 올지 어떻게 알아?"라고 대답한 경우 '기다려 봐'에 해당합니다. 즉, 상대방에게 인내심, 배려심을 요구하는 상황에 쓰이는 표현인 것이죠.

gung-ho

gung-ho는 어떤 일을 '열성적으로 하는, 으쌰으쌰 정신으로 임하는'이란 뜻인데요. 놀랍게도 중국어에서 온 표현입니다. '협동해서 일한다'는 뜻의 중국어를 그대로 가져온 것인데 발음만 영어식으로 바뀐 것이라고 합니다.

He's so gung-ho about the finals. 걔, 결승전에 엄청 열 내고 있어.
Let's not forget our initial gung-ho spirit. 열심히 하자던 초심을 잃지 말자.
I'm so gung-ho on our new project. 새로 맡은 프로젝트, 으쌰으쌰 정신으로 해 보자.
Judy has a gung-ho mentality. 주디는 무슨 일에든 활기가 넘쳐.

Way to go!

집값이 오르기 전에 강남에 집 한 채를 사뒀다거나, 야구 경기에서 응원하고 있는 팀이 5:8로 지고 있던 차에 홈런을 날렸을 때 "그렇지, 잘했어!", "바로 그거야!"를 영어로는 Way to go!라고 표현합니다. Way to go!와 같은 뜻의 표현들로는 Good job! / Well done! / Nice work! / Good going! / Keep going! 등이 있습니다.

(at the gym)

 Trainer Is this your first time here?

 Jung-woo Yes, it is.

 Trainer All right. What are your fitness goals? Do you wanna lose weight, gain muscle definition, or improve your cardio?

 Jung-woo I definitely wanna pump up my muscles.

 Trainer OK, then. We'll focus on weight training.

 Jung-woo Is ten weeks enough time to build muscles?

 Trainer Yes and no. Weight training is time dependent. It all depends how many hours a day and how many days a week you work out.

 Jung-woo I'll do the max!

 Trainer You sound like you're in a hurry. Are you thinking about a competition, or something?

 Jung-woo No, I just wanna be in shape before upcoming summer break is over.

 Trainer You're challenging yourself, huh?

 Jung-woo Yes, indeed.

goal 목표

muscle definition 근육 톤

cardio 심장

definitely 물론, 반드시

pump up 바람을 넣다, 부풀리다

focus on ~ ~에 집중하다

depend ~에 달려 있다, 의지하다

max 최대치

in a hurry 급한, 서둘러

upcoming 다가오는, 이번

summer break 여름 방학

indeed 정말로

해석

(피트니스 클럽)

트레이너   여긴 처음이니?

정우   네.

트레이너   그래. 목표가 먼데? 살을 빼고 싶니, 근육을 키우고 싶니, 아니면 심장강화력
을 늘리고 싶은 거니?

정우   근육을 키우고 싶어요.

트레이너   그래, 그렇다면 웨이트 트레이닝을 중점적으로 해야겠구나.

정우   근육 키우는 데 10주면 충분할까요?

트레이너   충분할 수도 있고, 아닐 수도 있고. 웨이트 트레이닝이라는 게 시간을 얼마나
많이 투자하느냐에 따라 달라지는 거라서 말이야. 하루에 몇 시간씩 일주일
에 며칠 동안 하느냐에 달려 있지.

정우   최대치로 해 보려고요!

트레이너   급한 것 같은데. 무슨 대회에 나간다거나, 뭐 그런 거니?

정우   아뇨. 이번 여름 방학이 끝나기 전에 몸을 좀 만들어 보려고요.

트레이너   네 자신을 한번 이겨보겠다, 이거구나?

정우   네, 맞아요.

What are your ~ goals?

"목표가 뭐야?", "이루고자 하는 바가 뭐야?" 이 질문을 좀 더 자세하게 "직장 내에서 목표가 뭐야?", "선수로서 이루고 싶은 게 뭐야?" 이런 식으로 어떤 한 분야에서의 목표를 물을 때 쓸 수 있는 영어 표현입니다.

What are your career goals? 직업상 꼭 이루고 싶은 게 뭐예요?
What are your academic goals?
공부를 어디까지 하실 생각이세요? / 학업 쪽으로 성취하고 싶으신 게 뭔가요?

---

pump up

공기 기압이 낮아진 자동차 바퀴에 공기를 넣는다거나, 라디오 볼륨을 높인다고 할 때, 혹은 신난다고 할 때 pump up이라고 표현합니다. 그렇다면 공기를 빼거나 볼륨을 줄이거나 기운이 없을 때는 pump down이라고 하느냐 하면 그건 아닙니다. pump 자체가 무엇을 '불어넣어 채운다'는 뜻이기 때문에 무엇이든 크게 부풀리고 확대시키는 경우에만 쓸 수 있어요.

Pump up the volume. 볼륨 좀 높여 봐.
I feel pumped up. 기운 난다. / 신난다.
I need to pump up my tires. (차, 자전거 등의) 바퀴에 공기 좀 넣어야겠어.

Yes and no.

"새로 이사 간 집 마음에 들어?", "글쎄, 마음에 드는 부분도 있고 안 드는 부분도 있고." 이렇게 동시에 그렇기도 하고 아니기도 한 경우에 **Yes and no.**라고 대답합니다.

A I bet you love your new car. 보나 마나 새 차 뽑아'놓고 좋아 죽겠지.
B Well, yes and no. 그게, 좋은 부분도 있고 또 아닌 부분도 있고 그렇네.

~ dependent

"사업이라는 게 결국 자금 문제거든", "결국 인맥이야"처럼 일에 있어서 '가장 중요한 건 결국 ~다'라는 표현을 영어로는 ~ dependent라고 합니다. 우리에게 익숙한 표현인 depend on ~과 형태만 약간 다를 뿐 '~에 따라 달라진다, ~에 달려 있다'로 뜻은 같습니다.

The house prices are location dependent.
지역이 어디냐에 따라 집값이 천차만별이야.

Running a business is capital dependent.
사업 운영하려면 결국 자금이 있어야지.

---

in shape

shape는 '모양, 형태'라는 뜻이지만 in shape로 쓰이면 '상태가 좋은'이라는 뜻이 됩니다. 꾸준히 운동해서 몸이 좋다, 집이 관리가 참 잘됐다, 중고이긴 해도 물건 상태가 아주 괜찮다 하는 경우 모두 in shape를 사용합니다. in과 shape 사이에 good, bad 등의 상태를 나타내는 형용사를 넣어 활용할 수 있어요.

He's in shape. 그 사람은 몸이 좋아요.

He's in great shape. 그 사람 몸매 엄청 좋아요.

He's in bad shape. 그 사람 몸매가 엉망이에요.

The house is in good shape. 집 상태가 상당히 좋아요.

The house is in terrible shape. 집 상태가 아주 안 좋아요.

Scene 27

Trainer Good! And one more thing. You have to watch your diet. You have to live on protein.

Jung-woo Protein? Such as?

Trainer Chicken breast, yams, bananas, broccoli, salmon … You name it.

Jung-woo Yes, sir! I'll do anything.

Trainer Wow, you're all fired up. I can feel the heat!

Jung-woo So, what do I start with?

Trainer We'll start with squats, pushups, shoulder press, and bench rows with twenty-pound dumbbells, 10 reps, three sets of each.

Jung-woo I'm up for it.

Trainer You'll really feel it tomorrow morning, but this is just the start.

Jung-woo I won't complain.

live on ~ ~을 먹고 살다   such as 예를 들면

yam 얌(고구마 종류)   start with ~ ~부터 시작하다

rep 반복   up for it 준비되다

해석

트레이너   좋아! 한 가지 더. 식단을 잘 조절해야 한다. 단백질 위주로 먹어야 해.

정우   단백질이요? 예를 들면 어떤 음식들이요?

트레이너   닭가슴살, 얌, 바나나, 브로콜리, 연어… 많지.

정우   알겠습니다! 뭐든 다 하겠습니다.

트레이너   와, 너 완전 불붙었구나. 열기가 아주 대단한데!

정우   그럼 이제 뭐부터 시작하죠?

트레이너   일단 스쿼트, 팔 굽혀 펴기, 어깨 운동, 20파운드 아령으로 등 근육 강
           화하는 운동부터 시작할 건데 한 종목당 열 번씩, 세 세트로 진행한다.

정우   준비됐습니다.

트레이너   내일 아침이면 온몸이 다 뻐근하겠지만 이제 시작일 뿐이야.

정우   불평 없이 하겠습니다.

watch

watch는 무엇을 '보다'라는 뜻 외에 '~를 조심하다, 신경 쓰다'라는 뜻도 있습니다.
watch 뒤에 조심해야 할 대상을 넣어 문장을 만들면 됩니다.

Watch your mouth. 입조심해.
Watch your weight. 몸무게 신경 써.
Watch your carbs. 탄수화물 조심해야 해.

live on ~

수제비를 너무 좋아해서 수제비만 먹고 살 수도 있고, 먹을 게 없어서 수제비만 먹고 살 수도
있습니다. 두 경우 다 '~만 먹고 산다'라고 표현하는데요. 영어로는 live on ~입니다.

I can live on chicken feet. 나는 닭발만 먹고 살래도 살아.
My grandma said her family lived on tree bark during the Korean war.
우리 할머니가 그러는데 6.25 전쟁 당시 식구들 모두 나무껍질만 먹고 살았대.

You name it.

종류나 수량에 제한을 두지 않고 '아무거나 말만 해라', '뭐든 된다', '많다'라는 표현을
영어로는 You name it.이라고 합니다.

What do you want for your birthday? You name it. 생일 선물 뭐 받고 싶어? 뭐든 말만 해.
There are so many different kinds of flowers. poppies, roses, lilies,
jasmine … You name it. 꽃 종류야 엄청 다양하지. 양귀비, 장미, 백합, 재스민… 뭐, 많지.

fired up

라이벌 팀과의 결승전을 앞두고 '사기가 충천했다'거나, 큰 시험을 앞두고 공부에 '불붙었다'거나,
목표를 세워 놓고 '의지를 불사른다'거나 하는 경우 fired up이라고 표현합니다.

이와 비슷한 표현으로는 eager, charged up, excited 등이 있어요.

The Korean team is all fired up. 한국 팀 사기가 대단하네요.

I'm so excited about the test. 시험을 잘 볼 수 있을 것 같아.

She's eager to go to the Olympics. 걔, 올림픽 나간다고 완전히 불붙었잖아.

Our team is charged up. Bring it on. 우리 팀은 자신 있어. 어디 한번 붙어 보자고.

start with ~ / start from ~

수영하기 전에 준비 운동부터, 초상화 그리려면 밑그림부터. 이렇게 '~부터 시작한다'고 할 때 start with ~를 활용합니다. 참고로, start from은 '시작하는 시점'을 뜻합니다. 예문을 들어볼게요.

If you want to speak good English, you should start with watching American TV shows. 영어를 잘하고 싶다면, 미국 TV 프로그램을 보는 것부터 시작하는 게 좋을 거야.

Once we get the MRI test results, we'll start from there.
어떻게 할지는 일단 MRI 결과가 나오면, 그때부터 생각해 봅시다.

up for ~

up for는 본문에서와 같이 '~할 마음이 있다, ~할 준비가 되어 있다'는 뜻 외에도 앞뒤에 어떤 단어가 붙느냐에 따라 다양한 뜻으로 사용되는 구문입니다.

1. up for ~ ~할 마음이 있다

   If you're up for a movie, we can go together. 영화 볼 생각 있으면 같이 가자.

2. up for sale 팔려고 내놓다

   The house is up for sale. 그 집 팔려고 내 놨어.

3. stand up for ~ ~를 지지하다, ~ 편을 들어주다

   She stood up for me when I was bullied at school.
   내가 학교에서 괴롭힘을 당할 때 걔가 날 위해서 나서 줬어.

4. save up for ~ ~를 하려고 저축하다

   I saved up for a new car. 새 차를 사려고 저축했어.

Scene 28

(at Jung-woo's house)

 Mom Jung-woo, I made tteokbokki. Come and have some.

 Jung-woo Thank you, but I'll pass.

 Mom You'll pass on tteokbokki? What's with you?

 Jung-woo Mom, I told you I'm on a diet. Where's my protein powder?

 Mom Forget about the powder. Tteokbokki makes life worth living, you know. Come on.

 Jung-woo Well, I'll take care of my own lunch.

 Mom Seriously, what's got into you?

 Jung-woo I decided to be the best me I can be. That's it.

 Mom Something's not right.

 Jung-woo I've got everything on track, Mom.

 Mom Good luck. I guess I'll finish the tteokbokki by myself.

I'll pass on ~ ~를 안 하겠다   on a diet 다이어트 중

on track 계획대로 잘되고 있는   by myself 나 혼자

💬 해석

(정우의 집)

엄마   정우야, 떡볶이 만들었다. 와서 먹어.

정우   고맙지만, 안 먹을래요.

엄마   네가 떡볶이를 안 먹는다고? 무슨 일 있니?

정우   엄마, 저 다이어트 한다고 말했잖아요. 제 단백질 보충제 어디 있어요?

엄마   그런 가루는 뭐 하러 먹어. 떡볶이를 먹어 줘야 살맛도 나는 거지.
            이리 와서 먹어.

정우   음, 제 점심은 제가 챙겨서 먹을게요.

엄마   진짜 얘가 갑자기 왜 이래?

정우   가능한 한 최대로 멋있어져 보려고요. 그래서 그래요.

엄마   아무래도 뭔가 이상해.

정우   제가 다 알아서 하고 있어요, 엄마.

엄마   그래 잘해 봐라. 떡볶이는 내가 다 먹어야겠다.

I'll pass. / I'll pass on ~

다 같이 게임을 하자는 제안, 영화를 보러 가자는 제안에 "난 할래", "나도 같이 갈래"라는
표현은 I'm in. "난 괜찮아", "난 빠질래"라는 표현은 I'll pass.라고 앞에서 설명한 바
있는데요. 만약 I'll pass를 조금 더 구체화해서 정확히 어떤 사안에 대한 거절인지를
표현하고 싶다면 I'll pass on ~ 구문을 활용하면 됩니다.

A Do you want to go shopping with us? 우리랑 쇼핑 갈래?

B I'll pass. / I'll pass on that. 아니, 난 괜찮아.

A Would you like to work with me? I'll pay you double.
나랑 같이 일해 볼 생각 없어? 돈은 두 배로 줄게.

B I'll pass on the offer. 싫어, 그냥 넣어 둬.

무슨 일이야? / 대체 왜 그래?

상대방 표정이 좋지 않을 때, 무슨 일이 있는 것 같을 때 "무슨 일이야?", "대체 왜 그래?"
라고 묻는 표현을 살펴보겠습니다.

What's with you?   What's up with you?

What's going on with you?   What's got into you?

What's the matter?   What's the problem?

이 중 What's with you?와 What's got into you?는 상대방이 평소 안 하던 짓을 했을
때 "도대체 무슨 바람이 불었냐?", "갑자기 왜 이래?"의 뜻으로 쓸 수 있는 표현입니다.

~ make life worth living.

다들 사는 게 힘들어도 "그래도 이 맛에 산다" 하는 게 있기 마련입니다. 술이 될 수도 있고,
가족이 될 수도 있고, TV 드라마 시청이 될 수도 있겠죠. 이렇게 '~ 낙에 산다', '~ 때문에
살맛이 난다'라는 표현을 '가치 있는'이라는 뜻의 worth를 사용해 ~ make life worth
living.이라고 말합니다.

Soju makes life worth living. 소주 마시는 낙에 산다.

Family makes life worth living. 가족 보는 맛에 사는 거지.

Reading books make life worth living. 책 읽는 낙으로 살아.

---

on track

on track(선로 위에 있다)을 의역하면 모든 게 '계획대로, 제대로' 돌아가고 있다는 뜻입니다. on track을 활용한 여러 표현을 살펴보겠습니다.

Things are on track. 다 제대로 돌아가고 있어.

Am I on the right track? 지금 내가 잘하고 있는 건가?

You're on the right track. 너 아주 잘하고 있어.

We're right on track to finish our project.
포로젝트를 마무리 짓기 위해 모두 계획대로 움직이고 있어요.

---

waste

'쓰레기'나 '폐기물'을 종류별로 구분 지을 때 사용합니다.

food waste 음식물 쓰레기

chemical waste 화학 폐기물

medical waste 의료 폐기물

green waste / yard waste (나무 등 식물을 정리하는 과정에서 나오는) 자연 친화적 폐기물

'시간, 돈, 에너지 등을 낭비하다'라는 뜻으로 사용됩니다.

We shouldn't waste water. 물 낭비하면 안 돼.

He wastes so much time on computer games.
걘 컴퓨터 게임에 시간을 너무 많이 낭비해.

Don't waste your energy on him. 그 사람한테 에너지 낭비하지 마.

(back to school after ten weeks of summer break – in the choir room)

 Jung-woo Hey, Paul! Long time no see.

 Paul Hey, stranger! How come we never hung out over summer …? Hold it! Why do you look so different?

 Jung-woo Do I look different?

 Paul Yeah! You're all puffed up! What did you do to yourself?

 Jung-woo I worked out.

 Paul Holy cow! Look at this body!

 Jung-woo Sorry I didn't hang out with you this summer, but I was too busy working out building this body.

 Paul I bet you're wearing some kind of fake muscles underneath. Let me feel.

 Jung-woo Hey, stop.

 Paul Dang! It's all muscles! You are totally rad!

hang out 어울리다, 시간을 보내다   puffed up 의기양양한

fake 가짜   rad 근사한, 훌륭한

해석

(10주간의 여름 방학을 마치고 개학 – 합창단 연습실)

정우   어이, 폴! 오랜만이다.

폴   어이구, 이게 누구야! 넌 어떻게 여름 방학 내내 얼굴 한 번을 안 보여
주냐…? 잠깐! 너 왜 이렇게 달라졌냐?

정우   좀 달라 보이냐?

폴   어! 완전 불끈불끈한데! 대체 뭔 짓을 한 거냐?

정우   운동했지.

폴   세상에! 이 몸 좀 봐!

정우   여름 방학 동안 얼굴 한 번 안 비춘 건 미안하다만, 몸 만들려고 운동하느라
너무 바빴어.

폴   옷 안에다가 분명 근육 뽕 같은 걸 넣은 걸 거야. 어디 한번 만져 보자.

정우   야, 하지 마.

폴   이런 씨! 진짜 다 근육이잖아! 너 진짜 끝내주는데!

'방학', '개학'을 영어로

'방학'을 영어로 vacation이라고 알고 있는 분들이 많을 텐데요. 물론 틀린 건 아니지만 미국에서는 break라는 단어를 더 많이 씁니다. 그래서 봄 방학은 spring break, 여름 방학은 summer break, 추수감사절 휴가는 Thanksgiving break, 겨울 방학은 (2~3주로 기간이 짧습니다.) winter break라고 합니다. 그렇다면 '개학'은 영어로 어떻게 말할까요? back to school이라고 합니다.

Long time no ~

누군가를 오랜만에 만났을 때 Long time no see.라고 하죠. 직접 얼굴을 본 게 아니라 전화상으로 "목소리 오랜만에 듣네."라고 할 때 역시 Long time no ~ 패턴을 활용하면 간단합니다. see 대신 talk를 써서 Long time no talk!라고 하면 된답니다.

stranger

stranger는 '낯선 사람, 이방인'이라는 뜻이지만 오랫동안 연락을 안 하던 사람과 만났을 때 "야~ 이게 누구야?", "하도 못 봐서 얼굴 잊어버리겠어"의 뜻으로도 사용할 수 있습니다.

A Hey, stranger. I haven't seen you for a decade.
　 야, 이게 누구야? 얼굴 못 본 지 한 십 년은 된 것 같네.

B I know. It's been a while. 그러게 말이야. 못 본 지 한참 됐지.

hang + 전치사

'매달다'라는 뜻의 단어 hang은 그 뒤에 오는 전치사에 따라 여러 가지 다른 뜻으로 활용이 가능합니다.

I'm hanging out with my friends. 내 친구들이랑 어울리고 있어.

Hang on. 좀 기다려 봐.

Hang in there. 참아. / 그대로 있어.

Don't hang up on me. 내 전화 끊지 마.

Don't hang around here. 여기서 어슬렁거리지 마.

I used to hang around with my sister's friends.
예전엔 언니 친구들이랑 같이 어울려 놀곤 했어.

---

puffed up

'부풀어 오른다'는 뜻으로 눈이 부었을 때, 새가 깃털을 부풀릴 때, 숨을 들이쉬고 가슴을 부풀릴 때 등의 상황에 쓸 수 있습니다. 또한 '자만심에 가득 찼다'는 뜻으로도 활용이 가능합니다.

My mom came puffing up the stairs. 엄마가 헉헉거리며 계단을 올라왔다.

The male pigeon puffed up its feathers. 수컷 비둘기가 깃털을 한껏 부풀렸다.

He is puffed up with pride. 걔, 자신감 완전 쩔어.

Holy cow!

사고가 나서 인명 피해가 많이 났다거나, 아는 사람이 거액의 복권에 당첨됐다는 소식 등 뭔가 놀라운 얘기를 들으면 "야~~~", "세상에!" 하고 탄성을 지르게 되죠. 영어로는 Holy cow!라고 합니다. Holy와 운율을 맞추어 색다르게 응용한 표현으로는 Holy Moly! / Holy Moly Guacamole!가 있습니다.

Scene 30

Rachel Long time no see, guys!

Jung-woo Oh, Rachel! How was your summer?

Rachel The summer was mostly uneventful. By the way, is it me, or has something changed about you? Why do you look so big?

Paul This guy worked his butt off all summer building muscle.

Rachel Oh, my goodness! You look awesome, Jung-woo!

Jung-woo You really think so?

Rachel I don't think so. I know so. You rock!

Paul Now he's all puffed up with pride.

Rachel He should be. He looks great!

Paul Now I wanna build up my body. Where should I start?

어휘

mostly 대부분, 주로

work one's butt off ~가 뼈 빠지게 일하다

rock 잘해내다

uneventful 평범한

awesome 멋진

해석

레이철 얘들아 오랜만이야!

정우 아, 레이철! 여름 방학 어떻게 보냈어?

레이철 특별한 일 없이 보냈어. 근데, 내 눈이 이상한 거야, 아니면 진짜로 뭐가 좀 바뀐 거야? 네가 왜 이렇게 커 보이지?

폴 얘 여름 방학 내내 근육 만든다고 뼈 빠지게 노력하셨단다.

레이철 어머, 세상에! 너무 근사하다, 정우야!

정우 정말 그렇게 생각해?

레이철 그렇게 생각하는 게 아니라 실제로 그래. 너 끝내준다!

폴 저 녀석 아주 자신감 쩔게 생겼네.

레이철 그럴 만하지, 뭐. 너무 멋지다!

폴 나도 몸 만들고 싶어지네. 몸 만들려면 뭐부터 해야 하냐?

129

un-

단어 앞에 un-이 붙으면 반대의 뜻이 되는 단어들을 살펴보도록 하겠습니다.

happy - **unhappy** (행복한 – 불행한)

fair - **unfair** (공평한, 공정한 – 불공평한, 부당한)

eventful - **uneventful** (일이 많은, 파란만장한 – 특별한 일 없는)

conditionally - **unconditionally** (조건부의 – 무조건적인, 절대적으로)

breakable - **unbreakable** (깨지기 쉬운, 망가지기 쉬운 – 깨지지 않는, 망가지지 않는)

employment - **unemployment** (취업, 일자리 – 실업)

Is it me, or ~?

그럴 리가 없는데 어디서 여자 흐느끼는 소리가 들린다면 옆 사람에게 "내 귀가 이상한 거야, 아니면 정말로 누가 우는 거야?"라고 물어볼 수 있겠죠. 이렇게 '나만 그렇게 느끼는(보이는, 들리는 등등) 건가, 아니면 진짜로 ~한 건가?'라고 물어보는 표현이 바로 Is it me, or ~? 입니다. Is it me?로 물었으니 대답 역시 It is you. / It's not you.로 하면 됩니다.

A Is it me, or is this puzzle super hard for everyone?
이 퍼즐, 나만 못하는 거야, 아니면 원래 어려운 거야?

B It is you. 너만 못 하는 거야.
/ No, it's not you. 아니야, 퍼즐이 어려운 거야.

---

work one's butt off

우리말에도 '뼈 빠지게 일하다', '발이 닳도록 뛰어다닌다'는 표현이 있죠. 그만큼 열심히 일한다는 표현인데 영어로는 '엉덩이가 다 까지도록 열심히 일한다'는 뜻으로 work one's butt off라고 표현합니다.

He worked his butt off to pay off his debt. 그 사람, 빚 갚느라고 뼈 빠지게 일했어.

build

build는 '집이나 건물 등을 짓는다'는 뜻의 단어인데 그 외에도 '근육을 키운다'거나 무엇을 '조립한다'고 할 때도 두루두루 활용할 수 있습니다.

My husband built muscle by working out every day.
우리 남편, 매일매일 운동하더니 근육 생겼어.

She built her own PC. 걔, 자기 컴퓨터를 직접 조립했다니까.

You should build a better sentence. 문장을 좀 더 매끄럽게 잘 써야지.

I don't think so. I know so.

"네가 보기엔 내가 입사 시험에 붙을 수 있을 것 같아?"라는 상대방의 물음에 "붙을 수 있을 것 같은 게 아니라 너는 꼭 붙어"처럼 이렇게 말하는 대상에 대한 평가나 의견을 거의 기정사실화시키는 표현이죠. I don't think so. I know so. "그렇게 생각하는 게 아니라 사실이 그렇다"는 뜻입니다.

A Do you really think I'm good looking? 정말로 내가 잘생겼다고 생각해?
B I don't think so. I know so. 그렇게 생각하는 게 아니라 실제로 잘생겼어.

~ rock!

연주, 연기, 공연, 연설 등 누군가 뭔가를 '멋지게 해냈다', '제대로 보여 줬다'는 표현을 영어로는 rock이라고 합니다. 누가 해냈느냐에 따라 rock 앞에 주어만 바꿔 주면 돼요.

The concert was great! You rock! 공연 정말 대단했어! 너 진짜 잘하더라!

You rock! The speech was so touching! 잘했어! 연설, 아주 감동적이었어!

Scene 31

 Oh, I'll be more than happy to help you with that. First you need regular workouts.

 I give up.

 Hey! It's worth a try. You'll be healthier and you'll have confidence in your body.

 I think I love myself as is.

 Working out by yourself is hard so we can do it together. It'll be fun.

 I'm happy with my body now. I am who I am.

 You know, there are lots of hot chicks at the gym.

 Oh, that's useful info!

 So what do you say?

 I'll say … no! Let's go to Jack in the Box after choir practice.

 No, thanks. I'm not gonna eat junk food and start back at square one.

 You don't have to be that strict with yourself.

어휘

more than happy 기꺼이   have confidence in ~ ~에 자신이 있다

useful 유용한   info 정보 (information의 준말)

Jack in the Box 잭 인 더 박스 (미국 햄버거 체인점) junk food 인스턴트 음식

strict with ~ ~를 엄하게 대하다

해석

정우   아, 내가 기꺼이 도와주지. 우선 규칙적으로 운동을 해야 해.

폴   관둘란다.

정우   야! 해 볼 만한 가치가 있다니까. 건강도 더 좋아지고 몸에 자신감도 생긴다 니까.

폴   난 지금 이대로의 나를 사랑해.

정우   운동은 혼자 하면 힘드니까 나랑 같이하자. 그럼 재미있을 거야.

폴   지금 이대로도 충분히 행복해. 나는 나니까.

정우   운동하러 가면 거기 섹시한 여자들 엄청 많다, 너.

폴   아, 그건 참 유용한 정보로군!

정우   어떻게 할래?

폴   나는… 안 할래! 합창부 연습 끝나고 '잭 인 더 박스' 가자.

정우   됐네요. 패스트푸드 먹고 말짱 도루묵 만들 마음 없어.

폴   너 자신한테 그렇게 팍팍하게 굴 필요 없다니까 그러네.

more than ~

도움을 청하는 사람에게 기꺼이 도와주겠다고 할 때, 두 팔 벌려 누군가를 환영할 때 등 상황을 흔쾌히 받아들이는 경우, 혹은 기대 이상의 상태를 말할 때 자주 사용되는 표현입니다.

I'll be more than happy to give you a ride. 내가 기꺼이 태워다 주지.
You're more than welcome. 너라면 언제든 대환영이지.
We are more than best friends. 우린 절친 이상으로 친해.

It's worth a try.

경비는 좀 비싸지만 한 번쯤은 알래스카에 가 볼 만하다, 물론 실패할 수도 있겠지만 도전해 볼 만한 가치는 있다고 말할 때 "그럴 만한 가치가 있어", "한번 해 보는 것도 참 좋아", "해 볼 만해"에 해당하는 영어 표현이 It's worth a try.입니다. 비슷한 표현으로는 It's worth a shot. / It's worth it.이 있습니다.

Fast for three days for your body. It's worth a try.
몸을 위해서 3일 동안 금식해 봐. 그럴 만한 가치가 있다니까.

Why don't you apply to Apple? It's worth a shot.
애플사에 지원해 보지 그래? 한번 해 보는 것도 괜찮을 것 같은데.

Did you buy another lottery ticket? It's not worth it.
복권을 또 샀어? 당첨 안 된다니까 그러네.

have confidence in ~

외모에 자신 있는 사람, 몸매에 자신 있는 사람, 실력에 자신 있는 사람… 사람마다 자신 있는 분야가 다 다르죠. '~에 자신감이 있다, 자부한다'를 영어로는 have confidence in ~이라고 표현합니다.

My daughter has confidence in her makeup skills.
내 딸은 자기가 화장 하나는 끝내주게 잘한다고 자부해.

I have confidence in my career. 나는 내 일에 자신감이 있어.

I am who I am.

"나는 나야"라는 말 많이 하죠. 해석하면 "내가 바뀔 거라고 기대하지 마", "난 나답게 살 거야", "난 원래 그런 사람이야"라는 뜻인데요. 영어 표현 역시 I am who I am.으로 아주 간단합니다. 그렇다면 "저 사람은 절대 안 바뀌어"는 어떻게 표현할 수 있을까요? He is who he is.이라고 합니다.

She's who she is. She won't change. 그 사람은 원래 그런 사람이야. 절대로 안 바뀌어.
You are who you are. Don't try to be a different person.
넌 너야. 자꾸 다른 사람이 되려고 하지 마.

---

start back at square one

사업이든 계획이든 중간에 일을 망쳐서 혹은 막다른 골목에서 처음부터 다시 시작하는 경우가 있습니다. '처음부터 다시 시작하다, 원점으로 돌아가다'를 영어로는 start back at square one이라고 합니다. 좀 낯선 표현일 수 있는데요. 익숙한 표현으로는 start everything all over again이 있습니다.

Don't be so down. We'll start back at square one.
너무 실망할 거 없어. 처음부터 다시 시작하면 돼.

I got it all wrong. Now I have to start everything all over again.
전부 다 잘못해 놨어. 전부 다시 해야 해.

---

strict with ~

자기 자신에게 혹은 남들에게 '엄하고 깐깐하게 대하는' 것을 strict with ~라고 하는데요. 비슷한 표현으로는 harsh on ~이 있습니다.

Don't be so strict with your students. 네가 가르치는 학생들한테 너무 엄하게 하지 마.
My mom is way too strict with me. 우리 엄마는 나한테 너무 엄해.
You don't have to be so harsh on your dog. 개한테 그렇게까지 엄격할 필요는 없잖아.

CHAPTER
- 12 -

Scene 32

(at Jung-woo's house)

 Mom Son, your dad and I booked airplane tickets to go to the Bahamas in two weeks.

 Jung-woo Oh, is it for your 20th anniversary?

 Mom Yes. I finally get to go to the Bahamas.

 Jung-woo What's so great about the Bahamas?

 Dad There's a beach in the Bahamas where you can feed and pet stingrays, and your mom really wants to see it.

 Mom And there's another beach where pigs hang out and swim.

 Jung-woo Wow! So, stingrays and pigs for your 20th anniversary, huh? Sounds romantic.

 Mom When you get older, stingrays and swimming pigs become more interesting than romance.

 Dad Who did I marry?

 Mom We'll be gone for five days, and you're in charge of taking care of the house. No trouble, OK?

 Jung-woo You know me, Mom. No worries.

 Mom That's my boy.

book 예약하다   anniversary 기념일
pet 애완동물, 만지다   stingray 가오리
in charge of ~ ~를 관리[담당]하는

해석

(정우의 집)

엄마 아들, 엄마랑 아빠랑 2주 후에 바하마 가는 비행기표 예약했다.

정우 아, 결혼 20주년 기념으로요?

엄마 응. 엄마가 드디어 바하마에 간다는 거 아니니.

정우 바하마가 뭐가 그렇게 좋아요?

아빠 거기 가면 가오리한테 직접 먹이도 주고 만져 볼 수도 있는 해변이 있는데 네 엄마가 얼마나 가 보고 싶어 하는지.

엄마 그리고 돼지들이 와서 수영하고 노는 해변도 있대.

정우 와! 결혼 20주년 기념으로 가오리랑 수영하는 돼지를 보러 간다고요, 네? 로맨틱하기도 해라.

엄마 나이가 들면 로맨스보다도 가오리나 수영하는 돼지가 더 당기는 법이거든.

아빠 내가 저런 사람이랑 결혼했다니!

엄마 5일 동안 다녀올 텐데 그동안 네가 집 잘 지키고 있어야 해. 문제 일으키지 말고, 알았지?

정우 저 아시잖아요, 엄마. 걱정하지 마세요.

엄마 역시 내 아들이야.

'예약' 종류에 따른 다른 표현

- 비행기표, 호텔 방, 영화를 예약하는 경우에는 book을 사용합니다.

  Some groupies book first-class airplane tickets to see their favorite celebrities. 일부 사생팬들은 좋아하는 연예인을 보기 위해 비행기 일등석을 예매한다고 합니다.

  I booked a hotel room for my business trip. 출장차 호텔 방을 예약해 두었어.

  Did you book the movie tickets for us? 영화표 예매했어?

- 식당, 파티 장소, 테이블 등을 예약하는 경우에는 reserve를 사용합니다.

  Do you have a reservation? 예약하셨습니까?

  I made a reservation at the sky lounge for dinner.
  스카이라운지에 저녁 예약을 해 놨어요.

  We reserved three tables at the park for our son's birthday party.
  아들 생일 파티를 하려고 공원에 테이블 세 개를 예약했어.

  ※ 공원에 따라서 해당 시에 약간의 사용료를 지불하고 테이블을 예약해야 파티를 열 수 있는 곳도 있습니다.

- 병원, 미용실, 상담 등 사람을 만나는 경우에는 appointment를 사용합니다.

  I have a doctor's appointment this afternoon. 오늘 오후에 병원 예약 있어.

  Can I make an appointment for a haircut?
  머리 좀 자르려고 하는데요. 예약할 수 있을까요?

많은 섬으로 구성된 나라들의 정식 영어 명칭

영어에서는 바하마처럼 많은 섬으로 구성된 나라의 이름은 정관사 the를 붙이고 복수 형태로 씁니다. 그래서 그냥 바하마가 아니라 The Bahamas가 되는 거죠. 필리핀 역시 섬들로 구성된 나라이기 때문에 영어로는 The Philippines라고 합니다.

What's so great about ～?

'내가 보기에는 별로 대단하지도 않은데 그게 뭐 그리 대수라고 난리냐?' 하는 표현을
영어로는 What's so great about ~?이라고 합니다. '~가 뭐 그렇게 대단하다고?', '~가
뭐 그렇게 좋다고?'의 뜻입니다. 비슷한 의미의 표현으로 What's the big deal about
~?을 사용할 수도 있습니다.

What's so great about Rome? 로마가 뭐 그렇게 대단하다고?
What's the big deal about toilet paper? 왜 다들 화장지 때문에 난리들이야?

---

will be gone for ～

며칠 동안 부산에 다녀오겠다, 한 달간 태국에 가 있을 거다. 이렇게 '얼마간 다녀온다'를
영어로는 will be gone for ~라고 표현합니다. 목적지를 분명히 하고 싶다면 to ~를
추가하면 되겠죠.

My dad will be gone for a month. 우리 아빠가 한 달 동안 집을 비우실 거야.
I'll be gone for five days to Canada. 5일 동안 캐나다 좀 다녀오려고.

담당자, 책임자

호텔, 식당, 가게 등의 '담당자, 책임자'는 manager라고 하죠. 어떤 기관의 담당자이냐에
따라 director라고 할 수도 있습니다. 그런데 "오늘은 내가 너희 책임자다", "그 담당은
아무개다" 하는 경우처럼 명칭이 애매할 때 유용하게 쓸 수 있는 표현이 바로 in charge of
~ 혹은 person in charge입니다.

I'm in charge of you guys today. 오늘은 내가 너희 책임자이다.
Who's in charge here? 여기 책임자가 누구인가요?
Julie's in charge of this project. 이 프로젝트는 줄리 담당이야.

Scene 33

(at school)

Paul So, your parents will be gone for five days including the weekend?

Jung-woo Yup!

Paul This is it, man!

Jung-woo Huh? What do you mean?

Paul It's now or never!

Jung-woo A penny for your thoughts.

Paul Party! It's time for you to have a house party and make yourself a people person.

Jung-woo I don't think my parents would like that idea.

Paul Of course, they wouldn't. Don't you tell them. It's just gonna be a small party with a few respectable people. And Rachel will come, too.

Jung-woo That's right! Rachel will come! How do I organize a party?

Paul Leave it to me.

Jung-woo If you say so.

including 포함해서   people person 사교성 좋은 사람
respectable 믿을 만한   organize 계획하다, 구성하다

해석

(학교)

폴   그러니까 너희 부모님이 주말 끼고 5일 동안 집을 비우신다 이거지?

정우   응!

폴   야, 바로 이거야!

정우   응? 그게 또 뭔 말이야?

폴   일생일대 절호의 기회라고!

정우   대체 뭔 생각을 하는 거냐?

폴   파티! 지금이야 말로 파티를 열어서 사교계에 뛰어들 기회라고.

정우   우리 부모님이 좋아하지 않으실 것 같은데.

폴   당연히 안 좋아하시지. 절대 말하면 안 돼. 그냥 얌전한 애들 몇 명만 불러
       서 소규모 파티를 하는 거지. 그럼 레이철도 올 테고.

정우   그렇구나! 레이철도 오겠지! 어떻게 준비하면 되냐?

폴   나한테 맡겨.

정우   그렇다면야, 뭐.

It's now or never.

지금 아니면 기회가 없다. 즉 '일생일대 절호의 기회다'라는 표현을 영어로는 It's now or never.라고 합니다. 같은 뜻으로 쓸 수 있는 표현들로는 It's too good to miss. / This is one's one and only chance. / You don't want to miss it. 등이 있습니다.

A penny for your thoughts.

상대방에게 "무슨 생각을 하고 있는 거야?"라고 묻는 표현입니다. 수백 년 전 영국에서 현명한 사람들의 생각을 듣기 위해서는 페니를 지불해도 아깝지 않다는 의미에서 시작된 표현이라고 하네요. 지금과는 달리 1페니의 값어치가 상당할 때였으니 그만큼 중요하다는 뜻이겠죠. 지금은 상대방이 무슨 생각을 하는지 알 수 없을 때 사용하는 관용어구가 되었습니다.

---

a ~ person

사람 없이 못 사는 사람, 개 없이 못 사는 사람, 고양이를 너무 좋아하는 사람. 이런 사람들을 영어로는 a ~ person이라고 표현합니다. '사람을 좋아하는 사람, 사교적인 사람'은 a people person, '개를 좋아하는 사람'은 a dog person, '고양이를 좋아하는 사람'은 a cat person이라고 합니다.

My brother is a big people person. 내 남동생은 굉장히 사교적인 사람이야.

I'm not a people person. 난 사람들하고 어울리는 걸 안 좋아해.

She's a dog person. 걔는 개라면 사족을 못 써.

He's not a dog person. He's a cat person. 걔, 개는 별로 안 좋아해. 고양이를 되게 좋아하지.

Leave it to me.

누가 어떤 일 처리에 대해 고민할 때, 뭘 어떻게 해야 할지 몰라 난처해할 때 "나한테 맡겨"라고 말할 수 있는데요. 영어로는 Leave it to me.라고 합니다. 같은 뜻으로 쓸 수 있는 표현들로는 I'll handle it. / I'll take care of it. / I got it. / I got it covered. 등이 있습니다.

Scene 34

(at Paul's house)

 Paul All right. The online invitations are ready.

 Jung-woo You made the party sound so fun. You're super!

 Paul Advertising runs in my family. Now we're sending these to Tom, Jerry, Bert, Ernie, Judith, and Rachel. Tada!

 Jung-woo Good job. What are we doing for food?

 Paul No worries. We'll buy party trays, finger food and packs of sodas from the store. And we'll have pizza delivered. Done!

 Jung-woo Sounds like a plan. Thank you for doing this.

 Paul That's what friends are for, man.

 Jung-woo I need to go now. See you tomorrow at school.

 Paul Bye.

...

 Paul Well, why should I waste this one and only chance to have fun? Why don't I invite the whole senior class? Jung-woo won't mind, will he? Well, here we go. The invitations are sent!

invitation 초대, 초대장		Tada! 짜잔!	
tray 쟁반		finger food (손으로 집어 먹을 수 있는) 간단한 음식	
senior 고등학교 4학년		mind 싫어하다, 꺼리다	

해석

(폴의 집)

폴 그렇지. 온라인 초대장은 이제 다 준비됐고.

정우 파티 홍보를 아주 제대로 했네. 너 참 잘한다!

폴 홍보라면 우리 집 식구들이 유전적으로 잘하지. 이제 이걸 톰, 제리, 버트, 어니, 주디스, 그리고 레이철한테 보내면 되는 거야. 짜잔!

정우 잘했어. 음식은 어떻게 할까?

폴 걱정하지 마. 파티 트레이, 간단히 집어 먹을 음식, 음료수는 가게에서 사면 돼. 피자야 배달시킬 거고. 그럼 끝!

정우 그럼 되겠다. 이렇게 다 준비해 줘서 고마워.

폴 야, 친구가 그래서 친구지, 뭐.

정우 이제 가 봐야겠다. 내일 학교에서 봐.

폴 잘 가.

...

폴 음, 신나게 즐길 수 있는 이런 일생일대 절호의 기회를 낭비할 수는 없지. 4학년 학생들을 전부 다 초대하는 게 좋겠어. 정우도 싫다고는 안 할 거야. 싫다고 하려나? 글쎄, 일단 해 보지, 뭐. 초대장은 이미 내 손을 떠났다네!

145

집안 내력이다, 우리 집 유전이다, 타고 났다

집안 식구들 모두 그림을 잘 그리거나, 개그감이 있거나, 손재주가 뛰어난 경우 '~는 우리집 유전이다, 집안 내력이다'라고 말합니다. 영어로는 '가족들 사이에 흐른다'는 표현으로 ~ runs in my family.라고 하거나, '핏속에 흐른다'는 표현으로 ~ runs in my blood.라고 합니다.

Engineering runs in my family. 엔지니어링은 우리집 식구들 유전이야.

Cooking runs in my family. 우리집 식구들이 다들 요리를 잘해.

Teaching runs in his blood. 갠 가르치는 게 천성이야.

Music runs in my blood. 난 음악성 하나는 타고났어.

party tray

마트에 가면 파티에 쓰일 간단한 음식들을 모둠으로 한 쟁반에 담아서 파는데 각종 치즈와 비스킷이 담긴 cheese tray, 각종 살라미를 모아 놓은 salami tray, 셀러리, 당근 등의 채소와 dipping sauce(찍어 먹는 소스)를 담은 veggie tray 등이 있습니다.

finger food

나초, 닭 날개, 타코, 미니 버거 등 포크나 젓가락 없이 그냥 손으로 집어 먹을 수 있는 간단한 음식을 finger food라고 합니다. 한국식 finger food로는 김밥, 떡, 붕어빵 등이 있겠네요.

That's what ~ are for.

도와줘서 고맙다는 친구에게 "친구가 달리 친구니? 이래서 친구지"라고 말할 때, 배우자를 간호하며 "이러니까 부부지, 달리 부부인가?"라고 말할 때, 영어로는 That's what ~ are for.라고 표현합니다.

That's what parents are for. 부모가 그래서 부모지.

That's what teachers are for. 이럴 때 도와주라고 선생님이 있는 거지.

That's what siblings are for. 이래서 혈육이 좋다는 거야.

Scene 35

(at Jung-woo's house)

 Jung-woo What the …? I didn't invite those guys. I don't even know them. Was it you, Paul?

 Paul Well, isn't it fun?

 Jung-woo You can't do this to me. I don't like it.

 Paul What's not to like? It's a party, man. And here comes Rachel!

 Jung-woo Oh, she's here!

 Paul That's all that matters. Go ahead and talk to her.

 Jung-woo Welcome, Rachel. Thank you for coming.

 Paul (whispering to Jung-woo) Good move!

 Rachel Thank you for the invite. I'm so excited!

 Chuck Are you gonna thank me for coming, too, or what?

 Jung-woo Chuck? Are you here, too?

 Chuck Of course. Do you want me to show you the invitation?

matter 문제. 중요하다   here comes ~ ~가 오다
go ahead 계속하다, 추진하다   Good move! 잘했어!

 해석

(정우의 집)

정우   아니 이게 대체…? 쟤네 초대한 적 없는데. 얼굴도 모르는 애들이라고.
           폴, 네가 한 짓이냐?

폴   글쎄, 재밌지 않냐?

정우   네가 나한테 어떻게 이럴 수가 있냐. 이건 진짜 아니란 말이야.

폴   아닐 게 또 뭐가 있어? 야, 이건 파티야. 그리고 이렇게 레이철도 왔잖냐!

정우   아, 레이철 왔네!

폴   레이철만 오면 됐지 뭘 그래. 가서 말 걸어 봐.

정우   어서 와, 레이철. 이렇게 와 줘서 고마워.

폴   (정우에게 속삭인다) 잘했어!

레이철 불러 줘서 고마워. 정말 신난다!

척   나한테도 와 줘서 고맙다고 할 거냐, 말 거냐?

정우   척? 너도 온 거야?

척   당연하지. 초대장 보여 주랴?

Was it you? / Is it you?

부엌 바닥에 쏟아진 우유를 뒤늦게 발견한 엄마가 아들에게 "이거 네가 그랬니?"라고
물어보는 경우, Did you do this?라고 할 수도 있겠죠. 그런데 그보다 더 간단한 표현이
있습니다. Is it you? "이거 너냐?"의 뉘앙스로 보면 될 것 같아요. 그리고 누가 내 책상에
선물을 놓고 갔길래 당연히 철수겠거니 했는데 알고 보니 영수였을 때 "그거 너였어?"라는
표현은 시제만 바꿔서 Was it you?라고 하면 됩니다.

A Is it him? 이거 걔가 이런 거니?
B No, it is me. 아니, 내가 그랬어.

A Was it you? I thought it was Jone. 너였어? 존인 줄 알았는데.
B No, it wasn't Jim. It was me. 존 아니야. 그거 나였어.

What's not to like?

어떤 물건이나 대상을 두고 상대방이 "싫지 않아?", "넌 이게 마음에 드니?"라고 물어봤을
때 "싫을 게 뭐가 있어?", "마음에 안 들 건 또 뭐야?" 이렇게 불평할 거 없다는 표현의
문장입니다. What's not to like 뒤에 'about + 대상'을 덧붙여 말할 수도 있습니다.

What's not to like about your new job? 새 직장이 마음에 안 들 게 또 뭐가 있다고 이래?
What's not to like about your girlfriend? 네 여자 친구 흠잡을 데가 어디 있다고 그래?

That's all that matters.

"너만 안 다쳤으면 됐어", "회사에서 안 잘렸으면 됐어", "안 죽었으면 됐어" 다른 거 다 제쳐
놓고 가장 중요한 거 하나만 건졌으면 그것으로 족하다는 표현을 영어로는 That's all that
matters.라고 합니다. 같은 뜻으로 쓸 수 있는 구문들이 있는데요. 그 구문들을 활용해서
"무사히 돌아왔구나! 그럼 됐다!" 이 문장을 약간씩 다르게 표현해 보겠습니다.

You're back in one piece. That's all that matters.
You came back in one piece. That's the main thing.

You came back in one piece. That's the most important thing.

What is important is that you came back in one piece.

What matter is that you came back in one piece.

Good move!

바둑, 체스 등의 게임에서 수를 잘 뒀을 때 쓰는 표현으로 상대방이 일을 잘 진행시키고 있을 때, 바람직한 시도를 했을 때 "잘했어!", "그렇지!"의 뜻으로 사용할 수 있습니다. 반대로 "아~ 그건 아닌데", "그렇게 하면 안 되는데"라는 표현은 Bad move.라고 하면 됩니다.

A I lied to my girlfriend that I'm seeing someone else to make her jealous.
내 여자 친구 질투 나게 하려고 다른 여자를 만나고 있다고 거짓말했어.

B Bad move, man! 야, 그건 아니지!

초대받았을 때 쓸 수 있는 표현들

누군가의 초대를 받았을 때 하는 인사말 중에는 "초대해 주셔서 감사합니다", "불러 줘서 고마워요", "나까지 오라고 해서 고마워" 등 여러 가지가 있습니다. 영어에도 몇 가지 다른 표현들이 있으니 같이 살펴보기로 하죠.

Thank you for inviting me.

Thank you for the invite.

Thank you for the invitation.

그럼 이번엔 초대가 끝나고 돌아갈 때 할 수 있는 인사말을 살펴보겠습니다.

Thank you for the hospitality. 접대해 주셔서 감사합니다. / 환대에 감사드려요.

It was so much fun. Thank you. 너무 즐거웠어요. 감사합니다.

I had a great time. Thank you so much. 좋은 시간 보내고 갑니다. 정말 감사해요.

초대받은 장소에 들어설 때, 돌아갈 때 모두 사용할 수 있는 표현으로는 Thank you for having me.가 있습니다.

Scene 36

(at Jung-woo's house)

 Jung-woo Well, thank you for coming, Chuck.

 Chuck There you go. And you should be thankful for what I brought. Hooch!

 Jung-woo Chuck, we're minors. We can't drink.

 Chuck Oh, little baby, isn't it your nap time? Let's have some fun, party people!

 Jung-woo Paul, did you invite Chuck?

 Paul I invited all the seniors at our school, without thinking that Chuck is one of them.

 Jung-woo Oh, thank you so much, my best friend!

 Paul I'm sorry, man. This was not my plan.

 Jung-woo Your plan failed! What a buzzkill!

 Paul Boy, this is getting wild.

there you go 그렇지   hooch 술
minor 미성년자   nap 낮잠
without thinking 생각지 않고   fail 실패하다
buzzkill 산통 깨는 사람, 분위기 망치는 사람   wild 야생의, 거친

해석

(정우의 집)

정우   그래, 와 줘서 고맙다, 척.

척   진작 그럴 것이지. 그리고 내가 가져온 물건에 대해서도 감사해야 할 거야.
         술을 가져왔거든!

정우   척, 우린 미성년자야. 술은 안 된다고.

척   우리 아기, 낮잠 잘 시간 아직 안 됐쩌요? 놀 줄 아는 그대들이여,
         어디 한번 즐겨 봅시다!

정우   폴, 너 척도 불렀냐?

폴   척도 4학년이란 생각을 못 하고 우리 학교 4학년 애들을 다 불렀거든.

정우   와, 되게 고맙다, 이 절친 녀석아!

폴   미안하다, 야. 이건 내 계획에 없던 거야.

정우   네 계획은 완전 실패야! 산통 다 깨졌네!

폴   이거 원, 파티가 점점 격해지는구먼.

📖 표현 파헤치기

'술'에 대하여

'술'을 뜻하는 영어로는 alcohol, booze, liquor, hooch, hard stuff 등이 있는데 고량주나 보드카처럼 센 술, '독주'는 hard liquor라고 합니다.

Let's drink some booze. 술 마시자.

I need some liquor. 술이 필요해.

'알코올 중독자'를 영어로는 alcoholic이라고 하죠. 그런데 이보다도 미국인들이 자주 쓰는 속어가 따로 있습니다. 바로 alkie인데 발음은 [앨키]라고 합니다.

My mom is an alkie. 우리 엄마는 알코올 중독자야.

연령별 영어 명칭

본문에서처럼 '미성년자'를 minor라고 하죠. 그렇다면 '성년', '고령자'는 영어로 뭐라고 하는지, 연령별 영어 명칭을 살펴보도록 하겠습니다.

- 신생아 newborn (주의: 두 단어를 붙여 씁니다.)
- 영아 infant
  ('앙팡(Enfant)'이라는 우유가 시판되고 있는데요. 프랑스어로 '아기, 영아'라는 뜻입니다. infant 역시 레스토랑(restaurant)처럼 프랑스어가 영어권에서 영어처럼 상용되는 단어입니다. 단, 영어 발음은 [인펀트]입니다.)
- 유아 toddler
- 어린이 나이에 따라 preschooler, kindergartener, elementary schooler 등 다양한 이름이 있어요.
- 십 대 직전의 나이(11, 12세) preteen
- 청소년 teenager
  (나이에 teen이 붙는 thirteen(13세)에서 nineteen(19세)까지)
- (18세 미만의) 미성년자 minors
- 갓 성인이 된 18세~21세는 young adult, 그 후로는 adult, grownup
- 고령자 senior

one's plan

plan이라고 하면 보통 정형화된 '계획'을 생각하기 쉽죠. 그런데 상대방의 일과를
묻는다거나 생각을 물을 때 등등 일상생활에서 흔하게 활용되기도 합니다.

Whose plan was it? 이거 누구 아이디어야? / 이거 누가 하자고 했어?
What's your plan today? 오늘 뭐 할 생각이야? / 오늘 뭐 할 거 있어?
I have no plan today. 오늘 할 거 없어.

🍔 문화산책

미국에서 술을 마시거나 살 수 있는 법정 나이는 21세입니다. liquor store 외에도 일반 슈퍼마켓이
나 주유소(작은 편의점이 함께 있는 경우가 많음)에서도 구입이 가능하나 모르몬교 비중이 큰 유타주에서
는 알코올 농도가 5% 이상인 주류는 오직 liquor store에서만 살 수 있습니다. 이마저도 2019년 유
타주 음주법이 개정되면서 이전의 4%에서 5%로 늘어난 수치입니다. 그뿐만 아니라 식당에서 술을
제공하는 시간도 제한적이고 타주에서 개인적으로 술을 가지고 들어오는 것도 불법입니다.

Scene 37

(next morning at Jung-woo's house)

 Jung-woo This is a mess!

 Paul It got out of control last night.

 Jung-woo Because of someone. I can't believe what you've done.

 Paul Didn't I say sorry thirty times?

 Jung-woo And you think that's enough? I couldn't even spend any time with Rachel.

 Paul I'm sorry. That makes thirty-one times.

 Jung-woo Keep your mouth shut and help me clean.

 Paul That's what I've been doing.

(Dingdong~ Dingdong~)

 Jung-woo The party is over, right?

 Paul Who could it be?

어휘

mess 엉망, 난장판   out of control 통제 불능의

what you've done 네가 한 짓   spend time with ~ ~와 시간을 함께 보내다

해석

(다음 날 아침 정우네 집)

정우   그야말로 엉망진창이군!

폴   어젯밤엔 완전 난리도 아니었어.

정우   이게 다 누구 때문이지. 네가 그런 짓을 하다니.

폴   미안하다고 서른 번은 말하지 않았나?

정우   그래서 용서받기 충분하다는 거냐? 레이철 하고는 아예 같이 있지도 못했는데.

폴   미안하다. 이제 서른한 번 말했다.

정우   입 다물고 청소나 도와.

폴   지금 하고 있잖아.

(딩동~ 딩동~)

정우   파티 다 끝난 거 맞지?

폴   대체 누굴까?

mess

어떤 장소가 더럽고 지저분할 때 '난장판, 엉망'이라는 표현으로 mess를 사용합니다.
그런데 물리적으로 엉망이 된 경우가 아니어도 누가 곤경에 빠졌거나 상황이 어렵게 됐거나
누군가와의 관계를 망쳤다고 할 때도 mess를 활용할 수 있습니다.

What a mess! 아주 난장판이네!

The economy is in a terrible mess these days. 요즘 경제가 아주 엉망이야.

I really messed up with my boyfriend. 내가 내 남자 친구와의 관계를 완전 망쳐 놨어.

Don't mess up with me. 나 건드리지 마.

This business is all messed up. We might go bankrupt.
사업이 아주 엉망진창이야. 이러다 파산할지도 모르겠어.

I can't believe ~

믿을 수 없을 정도로 기막힌 일이라는 뜻인데요. "네가 바람을 피우다니", "벌써 올해가 다
갔다니", "그 꼬마가 커서 벌써 결혼을 한다니" 이런 식으로 활용하면 됩니다.

I can't believe you lied to me. 네가 나한테 거짓말을 하다니.

I can't believe my niece is already thirty. 내 조카딸이 벌써 서른이라니.

I can't believe you took her side. 네가 걔 편을 들다니.

I can't believe he called me. 그 사람이 나한테 전화를 다 하다니.

---

spend time with ~

"올여름은 할머니와 함께 보낼 거야", "오늘 저녁엔 친구랑 있으려고"와 같이 '시간을 누구와
함께 보낸다'고 할 때 spend time with ~ 표현을 활용하면 됩니다.

I don't spend enough time with my cat. 우리 고양이랑 많이 같이 있어 주지를 못 해.

I'm gonna spend some time with my mom. 우리 엄마랑 시간 좀 같이 보내려고.

She wants to spend the whole winter with her grandma.
걔, 겨울 내내 자기네 할머니랑 같이 지내고 싶대.

Will you spend some time with me? 나하고 시간 좀 같이 보내 줄래?

조용히 해.

상대방에게 "조용히 해", "시끄러워"라고 말하는 경우, 말 그대로 말소리가 시끄러우니
조용히 해 달라는 뜻과 말 같지도 않은 말 듣기 싫으니 그만 조용히 하라는 뜻 두 가지로
나뉘죠. 영어 역시 의미에 따라 두 가지 표현으로 나뉘는데요. 일부 표현들은 두 경우에 모두
사용됩니다.

시끄러우니 좀 조용히 해 줘.

Keep it down.	Hush.
Be quiet.	Shush.
Lower your voice.	Stop talking.

듣기 싫으니 조용히 해.

Shut up.	Stop talking.
Zip it.	Bite your tongue.
Hold your tongue.	Not another word.
Drop it.	Be quiet.
Hush.	

Scene 38

 Jung-woo Mom? Dad?

 Paul Holy mackerel!

 Jung-woo Wh-what are you doing here, Mom? I mean, you're not supposed to be home yet.

 Mom Oh, you know the weather down there is so unpredictable. A hurricane ruined our trip.

 Jung-woo The Bahamas aren't the only place for a vacation. Go somewhere else. It's not too late.

 Dad Son, move aside. We need to come in.

 Mom Why are you blocking the doorway … Oh my gosh! Look at my house!

 Dad What the …? This is a … pigsty! What happened here?

 Jung-woo Well … last night, Paul and I were having a little too much fun, and …

 Mom Be quiet! I can picture exactly what happened last night. Jung-woo, you're grounded for a whole month.

unpredictable 예측할 수 없는   ruin 망치다

move aside 옆으로 비키다   block 막다

doorway 문간   pigsty 돼지우리

picture 사진, 상상하다   be grounded 외출 금지를 당하다

해석

정우 엄마? 아빠?

폴 어머나 세상에!

정우 어, 엄마, 여긴 어떻게? 제 말은 그러니까 아직 집에 오실 때가 아닐 텐데.

엄마 너도 알다시피 그쪽 날씨가 변덕스럽잖니. 허리케인이 온다고 해서
    여행 접었다는 거 아니니.

정우 세상에 바하마만 있는 것도 아니고. 다른 데 가면 되죠. 지금 가도 안 늦어요.

아빠 아들, 들어가게 좀 비켜 봐.

엄마 얘가 왜 문 앞을 막고 서서는… 세상에! 내 집!

아빠 아니, 이런…? 이게 웬… 돼지우리가 따로 없구먼. 대체 무슨 일이
    있었던 거냐?

정우 그게… 어젯밤에 폴이랑 저랑 좀 과하게 놀다가 그만….

엄마 시끄러워! 어젯밤에 정확히 무슨 일이 있었는지 안 봐도 비디오네.
    정우 넌 한 달 동안 외출 금지야.

Holy mackerel!

mackerel은 '고등어'인데요. 본래의 뜻 없이 "어머나 세상에!"라는 뜻의 관용어구로
사용됩니다.

'날씨' 표현

맑다(sunny), 흐리다(cloudy), 비 온다(rainy) 등 우리가 이미 알고 있는 것 외에 좀 더 색다른
날씨 표현들을 배워 보도록 하겠습니다.

It's **muggy.** 후덥지근하다.

We're having a **heatwave.** 무더위가 기승이다.

It's **overcast.** 우중충하다/잔뜩 흐리다.

It's **misty.** 이슬비가 내리다.

It's **damp** outside. (비 온 후) 밖이 축축하게 젖다.

It's **stormy.** 강풍이 불다.

We're experiencing **torrential rain.** 폭우가 쏟아지다.

It's **scorching hot.** 더워 죽겠다.

It's **humid.** 습도가 높다/눅눅하다.

It's **foggy.** 안개가 끼다.

It's **showering.** 소나기가 내리다.

It's **hailing.** 우박이 떨어지다.

It's **sleeting.** 진눈깨비가 오다.

---

move ~

move는 '움직이다'라는 뜻이죠. 그런데 뒤에 오는 부사나 전치사에 따라 움직이는 방향이
결정되거나 아예 그 뜻이 달라지기도 합니다.

move over 비키다

move forward 앞으로 가다

move toward ~쪽으로 움직이다

move out 이사 나가다

move up 승진하다, 일정을 앞당기다

move aside 옆으로 비키다

move backward 뒤로 가다

move in 이사 들어오다

move on 떨쳐버리다, 넘어가다

move back 일정을 미루다

picture

picture을 '사진'이라고만 알고 있는 경우가 많은데요. '~을 상상하다', '실제인 것처럼 생생하다'는 뜻으로도 많이 쓰입니다. 사진을 보는 것처럼 선명하게 무언가를 떠올릴 수 있다는 것이죠.

I can picture him going to the Olympics. 그 사람 충분히 올림픽에 출전할 수 있을 것 같은데.

I can't picture you living abroad. 나는 네가 해외에서 사는 게 상상이 안 돼.

It's hard to picture myself teaching students. 학생들 가르치는 일은 나한텐 무리지 싶은데.

Can you picture you and I getting married? I can't.
넌 우리가 결혼하는 걸 상상할 수 있겠니? 난 아예 상상조차 안 돼.

아이들이 받는 '벌'의 종류

부모님 말씀을 안 듣거나 교칙을 어기면 벌을 받게 됩니다. 아이들이 받는 벌의 종류를 살펴보도록 할게요.

I'm grounded. 외출 금지당했어.

I got detention. 방과 후에 남으래. (교무실, 교장실로 불려가는 경우가 많죠.)

I got spanked. 맞았어. (아이들을 때리는 것이 허용되지 않기 때문에 장난삼아 살짝 때리는 시늉을 하거나 농담인 경우에 씁니다.)

My dad said no car for a week. 아빠가 일주일 동안 차 쓰지 말래. (미국 십 대들에게는 가장 가혹한 벌입니다.)

I got my allowance cut. 용돈 깎였어.

I got a time-out. 벽 보고 서 있으래. (꼭 벽을 보고 서 있어야 하는 건 아니고 한구석에 서서 충분히 반성할 시간을 갖는 식의 벌입니다. 주로 어린아이들에게 주는 벌입니다.)

Scene 39

(boys watching a video clip in the bleachers)

Paul Holy shit! Is this legit?

Jung-woo Hey, guys. What are you watching?

Paul Oh, Jung-woo. Come look! You won't believe this.

Jung-woo Let me see. Is it Chuck?

Paul It IS Chuck! See what he's doing? He's holding and kissing a MAN!

Jung-woo You've gotta be kidding me! Who filmed this?

Paul Beats me. Someone filmed it and posted it online.

Jung-woo So, Chuck is bi?

Paul Do you have a better explanation?

Jung-woo This clip will definitely derail him.

Paul God created Adam and Eve, not Adam and Steve, you know?

Jung-woo Oh, shoot! Rachel! Did she see this, too?

Paul You're probably the last one to see it. It's gone viral!

어휘

video clip 비디오 동영상   legit 정통의, 진짜로   film 영화, 촬영하다

Beats me. 몰라.   bi 양성애자   derail 기차가 탈선하다

probably 아마도   go viral 짝 퍼지다

해석

(남학생들이 철제 계단 스탠드에서 비디오 영상을 보고 있다)

폴   이게 뭐야! 이거 실화냐?

정우   어이, 얘들아. 뭐 보고 있어?

폴   아, 정우야. 와서 이것 좀 봐 봐! 너도 믿기 어려울 거다.

정우   어디 보자. 이거 척이야?

폴   척 맞아! 이 녀석이 지금 무슨 짓을 하고 있는지 보이냐? 남자하고 껴안고 키스하고 있다니까!

정우   설마! 이거 누가 찍었어?

폴   모르지. 누가 찍어서 올렸더라고.

정우   그러니까 척이 양성애자라는 거야?

폴   그 외에 달리 설명할 길이 있냐?

정우   이 영상 때문에 얘 완전히 추락하겠구나.

폴   신이 아담과 이브를 창조했지, 아담과 스티브를 창조한 건 아닌데 말이야?

정우   아, 이런! 레이철! 레이철도 이걸 봤을까?

폴   이제껏 이 영상을 못 본 건 너밖에 없을걸. 완전 짝 퍼졌으니까!

won't ~

won't는 will not의 준말로 무엇을 하지 않겠다는 의지의 뜻인데요. 꼭 본인의 의지가 아닌 경우에도 많이 사용됩니다. 가구가 너무 무거워서 안 움직인다거나 일이 잘 안 됐다거나 가격이 더 이상 오르지 않는다거나 하는 경우 등등에 모두 활용할 수 있습니다.

This table is too heavy. It won't move. 이 탁자 너무 무거워. 움직이질 않아.
The closet door won't open. 옷장 문이 안 열려.
My car won't start. 차에 시동이 안 걸려.

"몰라"의 여러 가지 표현

"몰라" 하면 I don't know.가 제일 먼저 떠오르는데요. 이 밖에도 Beats me. / You got me. / Don't ask me. / I have no idea. 등의 표현들이 있습니다.

이성애자, 동성애자, 양성애자

이성애자 straight
I'm straight. 나는 이성애자야.

동성애자 gay, homosexual
He's gay / homosexual. 그 사람은 동성애자야.

양성애자 bisexual (줄여서 bi라고 합니다.)
※ bi는 '두 개'라는 뜻으로 '두발자전거'를 bicycle이라 하는 것도 그런 이유에서입니다.
She's bi / bisexual. 걔는 양성애자야

---

derail

기차가 선로에서 탈선했을 때 derail이라고 합니다. 그런데 실수로 그동안 쌓아 왔던 것들을 잃게 된 경우, 열심히 달려왔는데 모든 게 수포로 돌아 경우에도 derail을 쓸 수 있어요. 우리 말 중에서 '추락하다'라는 표현과 가장 가깝겠네요.

A train from Seoul to Busan derailed this morning.
오늘 아침 서울발 부산행 열차가 탈선했습니다.

All of his lies finally derailed him. 자기가 해 온 거짓말들 때문에 결국 스스로 추락했군.

God created Adam and Eve, not Adam and Steve.

'신은 아담과 이브를 창조했지 아담과 스티브를 창조하지는 않았다.' 즉, 여자와 남자를 창조했지 남자와 남자를 창조하지 않았다는 뜻의 반은 진지하고 반은 농담인 인용구입니다. 이브(Eve)와 스티브(Steve)가 운율도 맞고 st를 제외한 스펠링까지 똑같기 때문에 동성애를 반대하는 사람들의 뜻에 제대로 부합하는 예를 만들 수 있었던 것이죠.

---

go viral

viral은 virus에서 파생된 단어로 '바이러스성의'라는 뜻이죠. 그런데 여기에 '퍼졌다'는 뜻도 있어서 소문, 소식, 동영상, 유명세 등이 바이러스 퍼지듯 급속도로 퍼진 경우에 viral이라는 단어를 쓸 수 있습니다.

The movie "Parasite" went viral in the States. 영화 〈기생충〉이 미국 내에서 엄청 인기야.

BTS's new song went viral. BTS 새 노래가 급속도로 퍼졌어.

🍔 **문화산책**

미국의 성 소수자 비율이 늘어나면서 lesbian, gay, bisexual, transgender를 합성한 LGBT라는 신조어까지 등장했는데요. 최근에는 여기에 Q를 더해 LGBTQ라고도 합니다. Q는 queer 또는 questioning의 머리글자로 성 정체성을 명확히 할 수 없는 사람을 말합니다. 성 소수자 천국으로 불리우는 샌프란시스코에는 성 소수자 센터, 성 소수자 역사 박물관까지 있으며 각종 퍼레이드와 다양한 이벤트가 수시로 열립니다. 2004년 매사추세츠주가 미국 최초로 동성 결혼을 합법화한 이후 현재 50개 주 모두에서 동성 결혼이 합법화된 상태입니다.

Scene 40

(back of the gym)

 Jung-woo Rachel, you're here. I've been looking all over for you.

 Rachel You saw the video, too, didn't you?

 Jung-woo I did. Are you OK?

 Rachel How am I supposed to be OK?

 Jung-woo I know. He probably bummed you out big time.

 Rachel Is today prank day, or what?

 Jung-woo I don't know what to say, Rachel.

 Rachel So it's finally come to this. He ripped my heart out.

 Jung-woo Did he explain himself, or apologize to you?

 Rachel No. And I don't wanna hear anything from him.

big time 매우, 굉장히　　　　　　　prank 장난, 가짜

come to this 일이 이렇게 되고 말다　　rip out 찢다

explain oneself 자기 입장을 해명하다　apologize 사과하다

💬 **해석** --

(체육관 뒤편)

정우　레이철, 여기 있었구나. 한참 찾았네.

레이철　너도 그 비디오 봤구나, 그렇지?

정우　응. 괜찮니?

레이철　내가 어떻게 괜찮을 수가 있겠어?

정우　알아. 당연히 기가 막히겠지.

레이철　오늘이 만우절도 아니고, 이게 대체 뭐야?

정우　뭐라고 할 말이 없다, 레이철.

레이철　결국 이렇게 되고 마는구나. 걔 때문에 내 마음이 너덜너덜해졌어.

정우　척이 자초지종을 설명하거나 사과하거나 하지는 않았고?

레이철　아니. 걔한테 아무 말도 듣고 싶지 않아.

have been -ing

계속 요리를 하고 있었다, 한동안 책을 읽고 있었다, 문제를 해결하려고 계속 노력 중이다와
같이 '계속, 쭉 ~하고 있는 중이다'를 영어로는 have been -ing라고 표현합니다.

She's been watching TV for five hours. 걔, 다섯 시간 동안 TV만 보고 있는 중이야.

What have you been doing? 뭐 하고 있었어?

I've been working out. 운동하고 있는 중이었어.

He's been waiting outside. 그 사람이 밖에서 계속 기다리고 있어.

---

be동사 + supposed to ~

"지금쯤이면 회사에 있을 시간이야"처럼 거의 확실한 사실을 말할 때나 "오늘 눈이 온다고
했는데"와 같이 무엇무엇 하기로 되어 있다, 한다고 했다 등의 결정 사항을 말할 때, 또한
"내일까지 논문을 제출해야 해" 이렇게 무엇을 해야만 한다고 할 때 〈be동사 + supposed
to〉 구문을 사용합니다. 또한 〈be동사+not supposed to〉의 부정문이 될 경우 "그 방에
들어가면 안 돼" 이런 식의 규제, 통제를 뜻하는 표현이 되기도 합니다.

She's supposed to be home by now.
지금쯤이면 집에 있을[들어갔을] 시간이야.

It's supposed to rain today. 오늘 비 온다고 했어.

We were supposed to turn in our homework yesterday.
우리, 어제 숙제를 제출했어야 했어.

I'm not supposed to go into my sister's room. 우리 누나 방에 들어가면 안 된다고 했어.

You're not supposed to lie to your mom. 엄마한테 거짓말하면 안 되지.

big time

"이번에 너한테 크게 신세졌다"와 "그 가수는 그 노래로 유명해졌다"라는 전혀 연관성 없어 보이는 이 두 문장 모두 big time을 사용할 수 있습니다. big time은 '크게, 굉장히'라는 뜻과 '대성공을 거둔'이란 뜻을 함께 가지고 있어요.

I owe you big time. 너한테 크게 신세 졌다.
She hit the big time with the song that her husband wrote.
그 가수는 남편이 작곡해 준 노래로 유명해졌어.

---

prank day

장난삼아 거짓말하는 날로서 April Fool's Day(만우절)가 prank day의 대표적인 예입니다. 그 외에도 회사나 단체에서 자치적으로 prank day를 정해 서로 장난을 걸고 받는 경우도 있습니다.

---

rip

무엇을 '찢는다'고 할 때 rip이라고 하는데요. rip open은 상자나 봉투 등 봉해져 있던 것을 뜯는다는 표현이고, rip up과 rip out은 찢거나 뜯어낼 때 주로 쓰는 표현이며, rip off는 찢는다는 뜻 외에 '바가지 씌운다'는 뜻도 있습니다.

My jeans are ripped. 청바지가 찢어졌어.
The envelope was ripped open. 봉투가 벌써 찢어져 있더라고.
He ripped up his diary. 그 사람이 자기 일기장을 찢어버렸어.
She ripped out the page. 걔가 그 페이지를 찢어냈어.
The car salesman ripped me off. 자동차 판매원이 나한테 바가지를 씌웠더라고.
What a rip-off! 완전 바가지네!

Scene 41

Rachel How could he do this to me? I was totally fooled.

Jung-woo Is there anything I can do for you?

Rachel Well … I could use a hug. That might comfort me.

Jung-woo H-hug you?

Rachel Am I asking too much?

Jung-woo No, no! Not at all! I'm just happy I can do something for you.

Rachel Thank you, Jung-woo. You feel so warm.

Jung-woo You're so tiny.

Rachel I should've known that Chuck would never make a good boyfriend. He's never been sincere.

Jung-woo I think he's beneath you. He doesn't deserve you.

be fooled 속다   hug 포옹, 껴안다

comfort 위로, 달래다   tiny 자그마한

sincere 진지한, 진실한   beneath 아래에, 무가치한

deserve ~할 자격이 있다, 그래도 싸다

해석

(체육관 뒤편)

레이철 걔가 나한테 어떻게 이럴 수가 있어? 완전 속았지 뭐야.

정우 내가 해 줄 수 있는 게 뭐 없을까?

레이철 글쎄… 안아 주면 좋고. 그러면 마음이 가라앉을지도 모르니까.

정우 아, 안아 달라고?

레이철 내가 너무 과한 부탁을 했나?

정우 아니, 아니! 그건 절대 아니야! 난 그저 내가 할 수 있는 일이 있다니까 좋아서 그러지.

레이철 고마워, 정우야. 너 참 따뜻하다.

정우 넌 참 작구나.

레이철 척이 절대로 좋은 남자 친구가 될 수 없다는 걸 진작 알았어야 했는데. 걘 한 번도 진실했던 적이 없었어.

정우 난 네가 너무 아까워. 걘 너랑 사귈 자격이 없어.

속이다

'누가 누구를 속였다', '사람을 바보로 만들었다'는 표현을 영어로는 fool, trick, cheat, fake라고 하는데요. 좀 더 깊이 들어가서 투자를 빙자해 돈을 뜯어 가거나 신용카드 번호, 개인 정보 등을 알아내 '사기를 치다'라는 표현은 scam이라고 합니다. 그래서 '전화 사기'는 phone scam(흔히 scam call이라고 해요), '이메일 사기'는 email scam이라고 하죠.

Don't try to fool me. 날 속일 생각하지 마.

I tricked you. 나한테 속았지?

He cheated on the midterm. 걔, 중간고사 때 커닝했어.

My girlfriend cheated on me. 내 여자 친구가 바람을 피웠어.

The magician faked us out. 마술사 눈속임에 다들 속아 넘어갔지 뭐야.

The paper company scammed me. 유령 회사한테 사기당했어.

I got scammed. 사기당했어.

It was a scam call. 돈 뜯어 가려는 전화였어. (사기 전화였어.)

I get so many scam emails. 사기 이메일이 엄청 많이 와.

I could use ~

지금 커피 한 잔 하면 딱 좋겠다, 잠깐 쉴 수 있으면 참 좋겠다. 이렇게 '~를 하면 좋겠다'는 표현을 영어로는 I could use ~ 라고 합니다.

I could use a nap. 낮잠 좀 잤으면 좋겠다.

I could use a break. 잠깐만 좀 쉬면 좋겠다.

I could use some coffee. 커피 한 잔 하면 딱 좋겠다.

I could use your help. 네가 도와주면 좋지.

have never been ~

한 번도 북극에 가 본 적이 없다, 한 번도 일등을 해 본 적이 없다는 표현에서처럼 '한 번도 ~을 해 본 경험이 없다'고 할 때는 have never been ~ 구문을 사용하면 됩니다.

She has never been a good student. 걘 한 번도 공부를 잘해 본 적이 없어.

He has never been a good father. 그 사람은 한 번도 좋은 아빠였던 적이 없어.

I have never been to India. 난 인도에 가 본 적이 없어.

You have never been nice to me. 네가 나한테 잘해 준 적이 한 번도 없어.

---

beneath

나무 밑에 서 있었다, 발밑에서 진동이 느껴진다. 이처럼 '아래, 밑에'라는 위치를 표현할 때 under, underneath와 함께 beneath를 쓴다는 건 알겠는데 He is beneath you.처럼 사람에게 쓰인다면 어떤 의미가 될까요? '네가 걔보다 낫다', '걔는 너만 못하다', '걔는 네 밑이다', '네가 아깝다'라는 뜻이 됩니다.

Don't even try. You're beneath me. 애쓰지 마. 그래 봤자 넌 내 밑이야.

I'm not beneath you. 나, 너보다 못하지 않아.

Scene 42

(at a downtown cafeteria)

 Rachel It's so nice today.

 Jung-woo It is.

 Rachel It's perfect weather for surfing.

 Jung-woo Do you surf?

 Rachel I've been surfing for my whole life. I love it!

 Jung-woo That's right. This is California.

 Rachel California is known for surfing. You should try it.

 Jung-woo I've never surfed, but I've always been a bit of a surfing buff.

 Rachel Why don't we go to the beach now?

 Jung-woo You mean, right now?

 Rachel Yeah. It's only fifteen minutes away.

be known for ~ ~로 유명하다   buff 애호가

(시내 카페)

레이철   오늘 날씨 너무 좋다.

정우   그러게.

레이철   서핑하기 딱 좋은 날씨네.

정우   너 서핑해?

레이철   서핑이야 평생 꾸준히 해 오고 있지. 너무 재밌거든!

정우   맞다. 여긴 캘리포니아지.

레이철   서핑 하면 캘리포니아니까. 너도 한번 해 봐.

정우   한 번도 해 본 적은 없는데, 해 보고 싶다는 생각은 늘 했지.

레이철   우리 바다에 갈까?

정우   지금 당장?

레이철   응. 15분이면 가는데, 뭐.

be known for ~

어느 고장이 어떤 특산물로 유명하다거나, 연예인 아무개가 기부 천사로 유명하다거나, 옆집 아줌마의 유별난 성격은 동네에서 다 알아준다는 등의 표현을 영어로는 **be known for ~** 라고 합니다.

Paris is known for the Eiffel Tower. 파리는 에펠 타워로 유명하다.

Some Korean celebrities are known for giving big donations.
한국의 일부 연예인들은 기부를 많이 하는 것으로 유명하다.

Our next-door neighbor is known for taking care of stray cats.
우리 옆집 사람은 길고양이를 돌봐주는 걸로 유명해요.

Irish people are known for drinking a lot.
아일랜드 사람들은 술을 많이 마시는 걸로 유명하다.

----

buff

골동품만 모으는 사람, 재즈 뮤직을 사랑하는 사람, 스케이트보드에 미친 사람, 이렇게 한 가지를 유난히 좋아하는 사람, 즉 '애호가, 마니아'를 영어로는 **buff**라고 합니다. 또 한 가지! **buff**가 속어로 쓰이면 '몸이 좋다, 근육이 좋다'는 뜻이 되는데요. 주로 남자에게 해당합니다.

My husband is a history buff. 우리 남편은 역사광이야.

She's an antique buff. 그분은 골동품 애호가셔.

She's always been a bit of a drawing buff. 걔는 항상 그림을 그리고 싶어 했어.

My husband is buff. 우리 남편은 몸짱이야.

mean

"You know what I mean?" 농담으로라도 이 문장을 많이 듣게 되죠. "무슨 말인지 알지?"라는 뜻인데요. 이렇게 '말하려는 의도'를 나타내는 표현이 **mean**입니다.

I didn't mean it at all. 그런 뜻으로 말한 게 절대 아니야.

He meant that he didn't want to bother you. 걔 말은 널 귀찮게 하기 싫다는 거지.

That's not what she meant. 그 사람 말은 그게 아니라니까.

I mean, you can come if you have enough time.
그러니까 내 말은 시간 있으면 와도 된다는 거지.

Do you mean it? 진심이야?

It's ~ away.

두 장소 간의 거리를 설명할 때 흔히 한 시간 거리다, 몇 집 건너서다, 이렇게 말하잖아요. 영어로는 '얼마만큼 떨어져 있다'라는 표현의 **away**를 사용합니다.

It's only a mile away. 겨우 1마일밖에 안 되는 거리인데, 뭐.

They live three hours away from us. 걔네 우리 집에서 세 시간 거리에 살아.

It's only five houses away. 겨우 다섯 집 건너인데, 뭐.

The grocery store is four blocks away from here.
여기서 네 골목 더 가면 식료품 가게가 있어.

Scene 43

(at the beach)

Rachel Let's rent surfboards and wetsuits first.

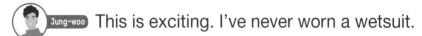
Jung-woo This is exciting. I've never worn a wetsuit.

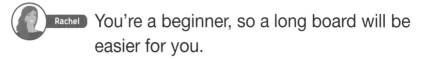
Rachel You're a beginner, so a long board will be easier for you.

Jung-woo You know it all.

(after they've rented the equipment)

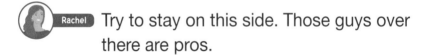
Rachel Try to stay on this side. Those guys over there are pros.

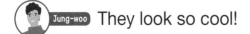
Jung-woo They look so cool!

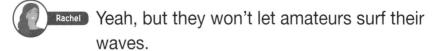
Rachel Yeah, but they won't let amateurs surf their waves.

Jung-woo I don't get it.

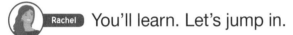
Rachel You'll learn. Let's jump in.

Jung-woo Woo-hoo!

rent 빌리다   wetsuit 잠수복, 서핑복

jump in 뛰어들다

•••• 해석

(바닷가)

레이철 우선 서핑보드랑 서핑복부터 빌리자.

정우 신나는데. 서핑복은 처음 입어 봐.

레이철 넌 초보자니까 롱 보드가 더 쉬울 거야.

정우 넌 모르는 게 없구나.

(장비를 대여한 후)

레이철 되도록이면 이쪽에 있도록 해. 저기 저 사람들은 프로거든.

정우 진짜 멋지다!

레이철 어, 그렇긴 한데 아마추어들이 자기네 파도를 타게 가만 놔두진 않거든.

정우 무슨 말인지 통 모르겠다.

레이철 차차 알게 될 거야. 가자.

정우 야호!

빌리다 / 빌려주다

rent와 borrow, 둘 다 '빌리다'라는 뜻의 단어인데 이 두 단어의 차이점은 뭘까요? 우선 가장 큰 차이점은 rent는 돈을 주고 빌리는 '대여'의 의미이고 borrow는 금전 거래 없이 그냥 '개인적으로 빌려 쓴다'는 의미입니다. 단, '돈을 빌린다'고 할 때는 borrow를 씁니다. 문장으로 예를 들어 보겠습니다.

I rented a car. 차를 한 대 대여했어.
I borrowed my dad's car. 우리 아빠 차를 빌렸어.

이번엔 '빌려주다'라는 표현을 살펴보겠습니다. 이 경우 역시 '돈을 받고 빌려주는' 경우에는 rent out, 그냥 '개인적으로 빌려주는' 경우에는 lend입니다. 문장으로 예를 들어보겠습니다.

I rent out kayaks to the tourists. 관광객들에게 카약 대여해 주는 일을 하고 있어요.
I lent my kayak to my neighbor. 이웃한테 내 카약을 빌려줬어. (lent: lend의 과거형)

박식한 사람

뭐든 물어보면 다 아는 사람들, 박식한 사람들이 있죠. 이런 사람들을 '박사, 똑똑이, 걸어 다니는 백과사전, 만물박사, 척척박사'라고 부르는데요. 영어로도 여러 가지 표현이 있으니 한번 살펴보도록 하겠습니다.

brain	수뇌부
intellectual	지적인 사람, 박사
smart-ass	수재, 똑똑한 사람 (구어체로 많이 쓰이지만 약간 상스러운 표현이기 때문에 친한 친구 사이에만 사용하는 것이 좋습니다.)
smarty	똑똑이
smarty-pants	똑똑한 사람, 야무진 사람 (어른에게도 쓰지만 특히 아이들에게 많이 쓰는 표현입니다.)

know everything about everything 모르는 게 없다, 척척박사다

You'll ~.

잘 모르겠다는 사람에게 "걱정하지 마, 곧 알게 될 거야."라고 할 때, 영어로는 You'll ~.
구문을 활용하면 됩니다.

You'll learn. 차차 알게 될 거야.

You'll see. 너도 이제 보면 알 거야.

You'll get it. 해 보면 알 거야. / 곧 알게 될 거야.

 문화산책

'서핑 천국' 미국

같은 해변이라도 프로 서퍼들과 아마추어 서퍼들의 공간이 나뉘는데요. 고만고만한 크기의 파도를
타며 가볍게 즐길 생각이라면 문제없겠지만 실력이 어느 정도 돼서 제대로 된 파도를 타고 싶다면 파
도가 좋은 지역의 local(지역 토박이들)의 텃세를 어느 정도 감안해야 합니다. 오직 서핑을 하기 위해
몇 달씩, 혹은 몇 년씩 파도 좋은 바닷가에 비싼 집을 빌려 사는 서퍼들도 많고, 그 지역에서 아예 나
고 자란 서퍼들도 많거든요. 이들의 텃세가 의외로 셀 수도 있기 때문에 조심해야 합니다. 또 한 가
지 명심해야 할 것은 파도 한 번에 서퍼 한 명이라는 것! 파도가 온다고 해서 냅다 올라탔다가는 세
상 온갖 욕을 다 얻어먹게 됩니다. 여러 명이 파도를 타면 파도 결이 부서질 수 있기 때문에(break the
wave) 순서를 봐 가며 한 사람이 손가락을 들어 올리고 '내가 탄다'는 신호를 보내면 나머지 서퍼들은
타지 않는 것이 예의라네요. 물론 이런 룰은 미국 외의 다른 나라에서도 프로 서퍼들에게는 공공연한
것이라고 합니다.

 **Scene 44**

 That was so much fun!

 You picked it up pretty fast. Impressive!

 Maybe I'm meant to be a surfer.

 And maybe we're meant to be together.

 What did you just say?

 I said maybe we're meant to be together.

 Do you mean it?

 I think you're the one for me.

 May I kiss you?

 You weren't gonna kiss me, then?

pick up 집다, 익히다, 회복하다   pretty 예쁜, 매우

impressive 인상적인   be meant to be ~할 운명이다

해석

정우   정말 재밌었어!

레이철   너 진짜 빨리 배운다. 놀라운걸!

정우   내가 원래 서퍼가 될 운명이었는지도 모르지.

레이철   그리고 우린 사귈 운명이었는지도 모르고.

정우   방금 뭐라고 했어?

레이철   어쩌면 우린 사귈 운명이었는지도 모른다고 했는데.

정우   그거 진심이야?

레이철   아무래도 너인 것 같아.

정우   키스해도 될까?

레이철   그럼, 키스 안 하려고 했어?

pick up

pick up은 집어서(pick) 들어 올리다(up)란 말이니 '떨어진 것을 줍다'란 기본 의미를 가지고 있는데요. 이외에도 '습득하다', '차로 데리러 가다', '~을 찾으러 가다', '~을 사다', '이성을 꾀다' 등 다양한 의미로 일상에서 많이 사용됩니다.

You dropped your doll. Pick it up. 인형 떨어뜨렸네. 주워.

Whatever my son learns, he picks up quickly. 우리 아들은 뭘 배우든 엄청 빨리 배워요.

I need to pick up my son at four. 4시에 아들 데리러 가야 해.

Can you pick up dinner on your way home? 집에 오는 길에 저녁 좀 사 올 수 있어?

He went to a bar to pick up women. 걔 여자 꾀러 술집에 갔어.

---

be meant to be ~

우린 어차피 다시 만날 운명이었다, 앤 선생님이 될 팔자야, 이렇게 정해진 길이 따로 있다는 식의 표현, '~할 운명이다', '~할 팔자다'를 영어로는 be meant to be ~라고 합니다. 반대로 '~해서는 안 되는 거였다'고 말하고 싶다면 not meant to be ~라고 하면 되겠죠.

She's meant to be an artist. 그 사람은 예술을 할 팔자야.

He's meant to be mine. 그 남자는 어차피 내 꺼야.

I wasn't meant to be a doctor. 난 의사가 되면 안 되는 거였어.

the one

영화 〈매트릭스〉를 보면 요원들로부터 세상을 구할 단 한 사람의 구원자, the one이 바로 키아누 리브스였죠. 내가 찾던 사람, 어떤 일의 적임자, 혹은 어떤 일을 주도한 '바로 그 사람'을 the one이라고 표현합니다. 사람뿐 아니라 물건 역시 '바로 이거다' 싶은 것에도 the one을 사용합니다.

This is the one that I wanted to buy. 내가 사고 싶었던 게 바로 이거야.

He's the one the police were looking for. 경찰이 찾던 사람이 그 사람 맞아요.

You're the one who told me to buy these stocks. 나한테 이 주식 사라고 한 사람이 너야.

Scene 45

(hamburger shop where Jung-woo works part time)

Manager Jung-woo, we have a new crew here.
This is Ella. Ella, this is Jung-woo.

Jung-woo Hi, nice to meet you.

Ella Nice to meet you, too.

Manager If you need anything, ask Jung-woo.
He's a good helper.

Ella I've never worked at a hamburger shop.
What if I stink at it?

Jung-woo No worries. The work is pretty simple.

Ella How long have you been working here?

Jung-woo Not so long. About four months?

Ella I see. Do you like working here?

Jung-woo Yeah. The customers come in spurts, but
other than that, the work is easy.

어휘

crew 승무원, 무리
customer 손님
other than that 그 밖에는

stink at ~ ～를 잘못 하다
spurts 분출, 한꺼번에 몰리다

해석

(정우가 아르바이트하는 햄버거 가게)

매니저 정우야, 같이 일할 친구 새로 왔다. 여긴 엘라. 엘라, 여긴 정우.

정우 안녕, 만나서 반가워.

엘라 나도 반가워.

매니저 뭐 모르는 거 있으면 정우한테 물어봐. 잘 도와줄 거야.

엘라 햄버거 가게에서 일하는 건 처음인데. 일을 잘 못 하면 어쩌지?

정우 걱정하지 마. 일은 아주 간단해.

엘라 여기서 일한 지는 얼마나 됐어?

정우 얼마 안 됐어. 한 넉 달 됐나?

엘라 그렇구나. 일은 할 만해?

정우 응. 손님들이 한꺼번에 몰려서 그렇지. 그것만 빼면 일은 쉬워.

'직장 동료, 직원, 상사, 부하 직원'을 영어로

① '직장 동료'를 영어로는 co-worker, colleague라고 하는데요. 맡은 분야가 다르더라도 한 회사에서 함께 일하면 co-worker라고 합니다. 그에 반해 colleague는 주로 같은 분야에 종사하는 사람들, 즉 같은 교직이나 연구직인 경우에 쓰입니다.

② '직원'을 뜻하는 영어 단어로는 employee, worker, staff, crew가 있는데요. 가게나 어느 기관에 가서 도움이 필요할 때 "저, 여기 직원이세요?"라고 물어보고 싶다면 간단하게 Do you work here?라고 하면 됩니다. "네, 여기 직원이에요."라는 대답은 Yes, I work here.이에요. 미국 현지인들이 실제로 쓰는 표현들 중에 이렇게 쉽고 간단한 것들이 의외로 많답니다. 또 "이 사람, 우리 직원이에요."라고 말할 때는 She/He's on our staff. 또는 She/He's on our crew.라고 하는데, crew는 배나 비행기 승무원을 뜻하지만 그 외에 공동 작업을 하는 직원들의 경우에도 쓸 수 있어요. 연극 극단 등에서 같이 활동하는 단원 사이에서도 쓸 수 있는 표현입니다.

③ 한국 직장에서는 직급에 따라 상사를 대리님, 과장님, 차장님, 부장님 등 정확한 명칭으로 부르는 반면, 미국에서는 상사라 해도 그 사람의 이름을 부르거나 'Mr. 아무개 / Ms. 아무개'라고 부릅니다. 단, "이분이 우리 과장님/사장님이십니다."라고 소개할 때는 직급을 언급하는데 그마저도 She/He's my boss.라고 하는 경우가 많아요. '상사'라고 해서 직급에 따른 명칭으로 부르는 것이 아니라 boss, supervisor, manager 중 하나를 쓰는 것이 보편적입니다. 또한 미국의 직장은 견고한 상하 수직 관계가 아니기 때문에 '부하 직원'이라는 말은 쓰지 않아요. 대신 She/He works for me.라는 표현으로 대신합니다.

stink

하수구 냄새, 화장실 냄새, 음식 썩는 냄새 등 '나쁜 냄새가 난다'고 할 때 stink라고 합니다. 그런데 물리적인 악취 외에도 무엇을 '되게 못한다' 어떤 상황이 마음에 안 들고 '거지 같다'는 뜻으로도 쓰입니다. 또한 뭔가 미심쩍을 때, 아무래도 아닌 것 같을 때, 혹은 사건을 맡은 형사가 육감으로 '아무래도 냄새가 난다'고 할 때 역시 stink를 씁니다.

The bathroom stinks so bad! 화장실에서 냄새 엄청 나!

You stink in Korean. 너 한국말 되게 못한다.

Something stinks about this. 아무래도 이상해.

This stinks. 진짜 거지 같네.

spurt

수술 중 갑자기 피가 뿜어져 나오거나 수도관에서 물이 콸콸 쏟아져 나오는 등 무언가가 '한꺼번에 분출'되는 것을 spurt라고 하는데요. 아이들이 갑자기 쑥쑥 클 때, 혹은 어떤 대상에 갑자기 관심이 쏠릴 때도 spurt를 활용합니다.

My son is having a growth spurt. 내 아들이 요새 들어 갑자기 쑥쑥 크네.

There's been a spurt of interest about Korea because of BTS.
BTS 덕에 갑자기 한국에 대한 관심이 높아졌다니까.

Scene 46

Jung-woo By the way, do I know you from school?

Ella What school do you go to?

Jung-woo I go to Miracle High.

Ella I do, too.

Jung-woo Oh, I'm a senior. And you?

Ella I'm a junior. I don't remember you from school, though. How bizarre!

Jung-woo That's because I moved from Minnesota last semester.

Ella Oh, I heard about you. The boy from Minnesota! It was you.

Jung-woo Yeah, that's me.

Ella Well, now we know we have something in common. That's better.

Jung-woo Yeah, we can talk about school.

Ella Boo! Hahaha.

know 사람 from 장소 ~에서 ~를 알게 되다   High 고등학교 (High school의 준말)

junior 고등학교 3학년생   though 그러나

bizarre 이상한   have ~ in common ~이 공통점이다

boo 야유하는 소리

💬 해석

정우   그건 그렇고 우리, 학교에서 본 적 있던가?

엘라   어느 학교에 다니는데?

정우   기적(미라클) 고등학교.

엘라   나도야.

정우   아, 난 4학년. 너는?

엘라   난 3학년. 학교에서 본 기억은 없는데. 이상하네!

정우   내가 지난 학기에 미네소타에서 전학 와서 그럴 거야.

엘라   아, 얘기 들은 적 있어. 미네소타에서 온 남학생! 그게 너였구나.

정우   응, 그게 나야.

엘라   그럼 이제 우리 사이에 공통점이 하나 생겼네. 훨씬 낫다.

정우   응, 학교 얘기를 할 수 있으니까.

엘라   (학교 얘기라니) 푸하! 하하하.

어디서 뵀었죠? / ~에서 뵀던가요? / 저 아세요?

어디서 본 것 같은데, 아무래도 낯이 익은데 기억이 안 나서 결국 "어디서 뵀었죠?"라고
물어볼 때가 있죠. 영어로는 Where do I know you from?입니다. 만약 뵀던 장소가
어렴풋이 기억 나는 경우에는 그 장소를 언급해 주면 됩니다. Do I know you from
church? 이런 식으로요. 또한, 누가 나한테 아는 척을 했는데 나는 전혀 기억이 안 나서 "저
아세요?"라고 물어볼 때는 Do I know you?라고 표현합니다.

어느 학교 다녀? / 어느 학교 나왔어?

상대방에게 "어느 학교 다녀요?"라고 물어보고 싶다면 What school do you go to? /
Where do you go to school?이라고 하면 됩니다.

"어느 중학교/고등학교에 다녀요?"라고 묻는 경우라면 What middle school do you
go to? / Where do you go to high school? 등으로 다양하게 활용할 수 있어요.

대학생의 경우에는 What college do you go to? / Where do you go to college?
라고 질문할 수 있겠죠.

졸업생에게 "어느 학교 나왔어?"라고 묻는 경우라면 동사 시제만 과거형으로 바꿔서 What
school did you go to? / Where did you go to high school? / Where did you
go to college?라고 질문하면 됩니다.

How bizarre!

"진짜 이상하다!", "이해가 안 간다!"는 표현의 How bizarre!와 비슷한 표현으로는 How
strange! / That's odd! / How crazy! / That's insane! / How funny! 등이
있습니다.

have ~ in common

공통적으로 아는 사람이 있다거나, 서로 통하는 게 많다거나, 이렇게 '사람과 사람 사이에 공통점'이 있다고 말하고 싶을 때는 have ~ in common 구문을 사용합니다.

We have some friends in common. 우리가 같이 아는 친구들이 몇 있지.

We have lots in common. 우린 통하는 게 많아 / 공통점이 많아.

I have nothing in common with him. 걔랑 나는 공통점이 하나도 없다니까.

 문화산책

미국의 고등학교, 대학교 학년별 명칭
고등학교와 대학교의 경우 1학년은 freshman, 2학년은 sophomore, 3학년은 junior, 4학년은 senior라고 하는데요. 초등학교부터 고등학교까지의 12학년은 그냥 숫자로 7th grader, 11th grader 와 같이 말해도 됩니다.

Scene 47

(at the gym)

Ella: Look who's here.

Jung-woo: Oh, hi, Ella. Do you work out here, too?

Ella: Yeah. I joined a couple weeks ago. I'm trying to lose weight.

Jung-woo: You don't look like you need to lose weight.

Ella: You don't know what you're talking about. I need to drop seven pounds at least.

Jung-woo: Seven pounds? That's a lot! That's the average weight of a newborn baby.

Ella: That's how chubby I am.

Jung-woo: Get out of here.

Ella: For me, this is a life-and-death struggle.

Jung-woo: I see you're fired up.

work out 운동하다   lose weight 체중을 줄이다, 살을 빼다
average 평균   newborn baby 신생아
drop pounds 살을 빼다   chubby 통통한, 토실토실한
life-and-death 목숨을 건   struggle 애쓰다, 어려움을 겪다
fired up 열의가 대단한

해석

(피트니스 클럽)

엘라   이게 누구야?

정우   아, 안녕, 엘라. 너도 여기서 운동해?

엘라   응. 몇 주 전에 등록했어. 살 좀 빼려고.

정우   뺄 살도 없어 보이는데.

엘라   모르는 소리 마. 적어도 7파운드는 빼야 해.

정우   7파운드? 그렇게나 많이! 7파운드면 신생아 평균 몸무게인데.

엘라   내가 그렇게 통통하다니까.

정우   말도 안 되는 소리 하지 마.

엘라   나는 죽기 살기로 노력 중이라고.

정우   열의가 대단해 보이는걸.

Look who's ~

'~한 사람이 누군지 봐'라는 뜻의 Look who's ~ 구문을 활용한 몇 가지 표현을
살펴보겠습니다.

Look who's here. 이게 누구야.
Look who's home. 집에 누가 왔게?
※ 아빠가 퇴근하고 집에 왔을 때 엄마가 아이들에게 이렇게 말하는 경우가 많습니다.

Look who's back. 누가 돌아왔게?
Look who's talking. 남 말 하고 있네.

You don't know what you're talking about.

상대방이 내가 도저히 동감할 수 없는 말을 할 때 "모르는 소리 하고 있네"라고 하잖아요.
영어로는 You don't know what you're talking about.이라고 합니다. 만약 제삼자가
한 말을 건네 듣고 "걔도 참 모르는 소리 하고 있다"고 할 때는 주어와 be동사만 바꿔 주면
됩니다. She doesn't know what she's talking about. 이런 식으로요. 이 표현을
활용한 문장들을 살펴보도록 하겠습니다.

Sometimes people don't know what they're talking about.
사람들은 가끔 잘 알지도 못하면서 말할 때가 있어.

I don't know what I'm talking about. 내가 지금 무슨 말을 하고 있는지 모르겠다.

여러 가지 체형

마른 몸에서부터 뚱뚱한 몸까지 여러 가지 체형을 영어로 배워 보겠습니다.

underweight 저체중	bony 뼈다귀만 남은 몸
stick 막대기처럼 마른 몸	matchstick 성냥개비처럼 마른 몸
chopstick 젓가락 같은 몸	skeleton 해골바가지
slim 날씬한	in good shape 몸매가 좋은

hour glass 호리병 몸매

curvy S라인 몸매

glamorous 매력적인 외모, 몸매 (굴곡 있는 여성스러운 몸매를 글래머로 잘못 알고 계신 분들이 많은데요. glamorous란 외모가 매력적인 여성에게 사용하는 표현입니다.)

overweight 과체중

round 둥글둥글한 몸

fat 뚱뚱한

fatso 뚱땡이 (거의 욕에 가까운 표현입니다.)

heavy 육중한

chubby 통통한, 토실토실한

obese 비만

roly-poly 굴러다니는 몸 (몸을 동그랗게 말고 굴러가는 쥐며느리에서 따온 표현입니다.)

Get out of here.

직역하면 "나가"라는 뜻이지만, 친한 사이에 농담조로 "야, 집어치워", "말도 안 되는 소리 하지 마"라는 뜻으로 자주 사용되는데요. 그럴 때 쓰이는 비슷한 표현들로는 Don't give me that. / Shut up. / No way. / Kiss my ass. 등이 있습니다.

---

a life-and-death ~

말 그대로 '죽고 사는 문제', '중요한 사안'을 영어로 a life-and-death ~라고 하는데요. 본문에서처럼 a life-and-death struggle 하면 '죽기 살기로 하는 노력, 고생'이라는 뜻이고, a life-and-death decision 하면 '굉장히 중요한 결정, 사생결단'을 말합니다.

Scene 48

Ella: Anyway, are you good at math?

Jung-woo: Well, I like it.

Ella: I'll take that as a yes. How come you Asians are math experts?

Jung-woo: That's prejudiced. Not every Asian is good at math.

Ella: Every Asian I met so far was. Maybe you can help me. I'll make it up to you.

Jung-woo: Help you with what? Math?

Ella: Uh-huh. I have no ability when it comes to math. I'm about to flunk.

Jung-woo: What are you having trouble with?

Ella: Graph Quadratic Functions.

Jung-woo: Oh, that's easy.

take that as ~ ～로 받아들이다

expert 전문가

make up 화장, 화해하다, 보상하다

when it comes to ~ ～에 있어서는

Graph Quadratic Functions 이차함수 그래프

how come 어떻게, 왜

prejudice 편견, 선입관, 편견을 갖게 하다

ability 능력

flunk 낙제하다

해석

엘라 그건 그렇고, 너 수학 잘해?

정우 뭐, 좋아는 하지.

엘라 잘한다는 얘기로 받아들이겠어. 동양인들은 왜 다들 그렇게 수학을 잘하는 거야?

정우 그건 편견이야. 동양인이라고 다 수학을 잘하는 건 아니야.

엘라 이제껏 내가 만난 동양인들은 다 잘했어. 어쩌면 네가 날 도와줄 수 있을지도 모르겠다. 내가 나중에 꼭 보답할게.

정우 도와주다니, 뭘? 수학을?

엘라 응. 난 수학이라면 깡통이거든. 낙제하게 생겼다고.

정우 뭐가 그렇게 어려운데?

엘라 이차함수 그래프.

정우 어, 그거 쉬운데.

be good at ~

야구를 잘하는 사람도 있고, 공부를 잘하는 사람도 있고, 컴퓨터를 잘하는 사람도 있죠.
'뭔가를 잘한다'는 표현을 영어로는 be good at ~이라고 하는데요. 잘해도 그냥 잘하는 게
아니라 '엄청' 잘한다고 강조하고 싶다면 good 앞에 so, really, super를 붙여 주면 됩니다.

Is your brother good at driving? 너희 오빠 운전 잘해?
She's so good at cooking. 걘 요리를 엄청 잘해.
He's super good at soccer. 그 사람, 축구를 정말 잘해.

---

take that as a yes/no

남자가 여자에게 사귀자고 합니다. 여자는 얼굴만 빨개졌을 뿐 별다른 대답이 없습니다.
남자가 말합니다. "그럼 사귀는 걸로 알고 있을게." 이처럼 상대방에게서 확실한 답을 들은
것은 아니지만 감으로 판단하고 '승낙/거절로 받아들이다'를 영어로는 take that as a
yes/no라고 표현합니다.

I'll take that as a no. 거절하신 걸로 알겠습니다.
She took that as a yes. 걘 그걸 예스로 받아들였다니까.

그렇다면 미적지근하게 반응하는 상대에게 "좋다는 거야, 싫다는 거야?"를 물어볼 때는
어떻게 표현하는지 알아보겠습니다. 같이 여행 가자고 제안했는데 상대방이 "글쎄, 뭐
날씨는 여행 가기 딱 좋긴 한데, 근데 또 이게…." 이렇게 애매한 대답을 했을 때 "그러니까
가겠다는 거야, 말겠다는 거야?"를 영어로는 Is that a yes? / Is that a no? / Is that a
yes, or a no?로 표현할 수 있습니다.

Is that a yes, or a no? Make up your mind. 좋다는 거야, 싫다는 거야? 빨리 정해.

여러 가지 '편견'

전과자에 대한 편견, 피부색에 대한 편견, 나라에 대한 편견, 종교에 대한 편견 등 참 많은
편견들이 있죠. 이 '편견'을 영어로는 prejudice라고 합니다.

People say southerners are rude, but that's prejudiced.
(미국) 남부 사람들이 무례하다고들 하는데 그건 다 편견이야.

한 가지 더 짚고 넘어갈 것은, 편견의 대상 뒤에 –ism을 붙여서 '~주의' 라고 표현하는 경우가 많은데요. '인종 차별주의'는 racism, '국수주의'는 nationalism, '성 차별주의'는 sexism, '나이 차별주의'는 ageism, 그리고 '종교 차별주의'는 religious prejudice라고 합니다.

---

make up

make up 하면 '화장'이 가장 먼저 떠오르겠지만 그 외에도 '~에게 보상하다', '결정하다', '지어내다', '보충하다', '비율을 차지하다' 등 다양한 뜻이 있습니다.

Would you do me a big favor? I'll make it up to you.
좀 큰 부탁인데 들어줄 수 있어? 내가 나중에 꼭 갚을게.

Did you make up your mind? 마음 정했어?

He made up a great story. 그 사람이 아주 재밌는 얘기를 창작했어.

Language art class was canceled on Tuesday, and we had a makeup class today. 화요일에 취소됐던 영어 수업, 오늘 보충 수업을 했어.

Indians make up a large percentage of the global population.
세계 총 인구 수 중 인도 사람들이 차지하는 비율이 크다.

---

when it comes to ~

"애 돌보는 건 아주 젬병이야", "기계 다루는 데는 천재야", "말 퍼트리는 건 일등이야"처럼 '어느 면에 있어서는' 어떻다고 설명할 때 when it comes to ~ 구문을 활용합니다.

When it comes to stretching stories, my mom is the best.
이야기 길게 늘여서 하는 건 우리 엄마가 최고야.

When it comes to computers, I'm useless. 컴퓨터에 관한 한 난 쓸모없는 인간이야.

Ella You sound so hateful.

Jung-woo I'm sorry. I didn't mean to flex.

Ella I know. You were thinking out loud. Do you think you can help me out?

Jung-woo Hmmm … Well, I guess I can.

Ella Thank you so much! You're my savior!

Jung-woo You're welcome. So how do we do this?

Ella Can we meet up once a week? I'll buy you lunch each time we meet.

Jung-woo OK. Hopefully, it won't take more than a month for you to improve.

Ella I doubt it.

Jung-woo A month should be enough.

hateful 얄미운

think out loud 생각나는 대로 말하다

meet up 만나다

doubt 의심하다

flex 과시하다

savior 구세주

improve 개선하다, 향상시키다

해석

엘라 말 참 얄밉게 한다.

정우 미안해. 잘난 체하려던 건 아닌데.

엘라 알아. 생각이 입 밖으로 튀어나온 거겠지. 나 좀 도와줄 수 있겠어?

정우 음… 뭐, 도와줄 수 있을 것 같긴 한데.

엘라 정말 고마워! 내 생명의 은인이야!

정우 뭘. 그럼 어떻게 하면 좋을까?

엘라 일주일에 한 번씩 만날까? 만날 때마다 내가 점심 살게.

정우 그래. 성적 오르는 데 한 달 이상 걸리지는 않았으면 좋겠다.

엘라 걸리지 싶은데.

정우 한 달이면 충분할 거야.

사람 + sound + 감정형용사

상대방의 목소리나 말투를 들어보면 그 사람이 화가 났는지, 기분이 좋은지, 슬픈지 어느 정도 기분이나 감정을 짐작할 수 있죠. '누군가의 목소리에 어떤 감정이 묻어난다'는 표현을 영어로는 〈사람+sound+감정형용사〉로 나타냅니다.

My mom sounds so angry. 우리 엄마 화 많이 난 것 같아.

He sounds so nervous. 걔 긴장 많이 한 것 같아.

You sound excited. 너 신났나 보구나?

Didn't she sound so down? 걔, 기분이 영 별로인 것 같지 않았어?

---

flex

요새 한국에서도 flex란 말을 많이 사용하는 것 같은데요. flex의 본뜻은 '구부리다'입니다. 그래서 몸이 유연한 사람을 flexible 하다고 하죠. 신체적으로 유연하다는 뜻 외에도 스케줄을 짜거나 약속을 잡을 때, 어떤 사안을 결정할 때 구애받는 것 없이 상대에게 맞춰 줄 수 있다는 의미로도 사용됩니다.

A What time is good for you? 몇 시가 좋으세요?

B Any time is good. I'm flexible. 몇 시든 상관없어요. 저는 아무 때나 괜찮아요.

그런데 이 flex라는 단어가 슬랭으로 사용되면 우리가 잘 아는 '잘난 체하다'라는 뜻이 됩니다.

Stop flexing. 잘난 체 그만해.

She's flexing her new car. 새로 산 차라고 또 자랑하네.

---

out loud

'큰 소리로'라는 뜻의 out loud는 그 앞에 오는 단어에 따라 큰 소리로 무엇을 하는가가 결정됩니다.

think out loud 생각나는 대로 말하다, 생각이 입 밖으로 튀어나오다

laugh out loud 큰 소리로 웃다

sing out loud 큰 소리로 노래 부르다

cry out loud 큰 소리로 울다

talk out loud 큰 소리로 말하다

횟수

하루에 한 번, 일주일에 세 번, 격주로 한 번… 이렇게 얼마 만에 몇 번인지 그 횟수를 영어로
어떻게 표현하는지 살펴보도록 하겠습니다.

하루/일주일/한 달/일 년에 한 번 once a day / week / month / year
하루/일주일/한 달/일 년에 두 번 twice (two times) a day / week / month / year
격일로 한 번/격주로 한 번/두 달에 한 번/격년제로 한 번 every other day / week / month / year
3일/3주/석 달/3년에 한 번씩 every three days / weeks / months / years

---

it takes ~

'일을 끝내려면 다섯 시간이 걸린다'고 할 때 **It takes five hours.**라고 합니다. 그런데
반드시 시간이 걸리는 경우가 아니더라도 어떤 결과를 위해 부합해야 하는 '조건'이면 it
takes ~ 구문을 활용해서 표현할 수 있습니다.

It takes practice. 연습을 많이 해야 해.

It takes two people. 두 사람이 필요해.

It takes four quarters to finish a football game.
풋볼 경기는 4쿼터를 마쳐야만 경기가 끝나.

All it takes is imagination to write a good story.
상상력만 있으면 좋은 글을 쓸 수 있어.

I'll do whatever it takes to stop him. 그 사람을 말릴 수만 있다면 뭐든 다 하겠어.

Scene 50

(at the coffee shop)

 Jung-woo OK, then I want you to solve this problem on your own.

 Ella This is so brutal!

 Jung-woo Actually, you're doing good.
You're getting it.

 Ella You're just saying that.

 Jung-woo If you can solve this one with no problem, we can move on.

 Ella All right. Let me try.

 Rachel Jung-woo?

 Jung-woo Rachel! What are you doing here?

 Rachel That should be my question. I'm here for a coffee, by the way.

 Jung-woo Oh, I'm helping my co-worker with her math.

on your own 네 힘으로, 너 스스로　　　brutal 잔인한

move on 넘어가다　　　co-worker 직장 동료

해석

(커피숍)

정우　자, 이제 너 혼자 이 문제를 풀어 봐.

엘라　너무 어렵단 말이야!

정우　솔직히, 너 지금 잘하고 있어. 이제 이해한 것 같은데, 뭐.

엘라　말만 그렇게 하는 거 다 알아.

정우　이 문제만 막히지 않고 잘 풀 수 있으면, 다음 단계로 넘어가도 되겠는데.

엘라　알았어. 한번 풀어 볼게.

레이첼　정우?

정우　레이첼! 여긴 웬일이야?

레이첼　그건 내가 물어볼 말인데. 나야 뭐, 커피 사러 왔지.

정우　아, 난 같이 일하는 친구 수학 도와주러.

A want B to ~

"난 네가 꼭 작가가 되면 좋겠어", "걔가 1시에 전화해 줬으면 하던데", "벽이 파란색이었으면 좋겠어" 이렇게 누구 혹은 무엇이 '어떠했으면 좋겠다'는 바람을 말할 때 〈A want B to ~〉 로 표현합니다.

My husband wants my daughter to be a vet.
우리 남편은 딸이 수의사가 됐으면 하더라고요.

I want it to be short. (머리 길이, 끈 길이 등) 짧았으면 좋겠어.

She wants me to be home by six. 걔 내가 6시까지 집에 들어왔으면 하더라고.

We want you to be happy. 우린 네가 행복하길 바라.

----

brutal

brutal의 사전적 의미는 '잔인하다, 무자비하다'인데요. 그렇기 때문에 '영화가 잔인하다', '동물이나 사람에게 무자비하다'는 말은 물론 '현실이 가혹하다', '일이 심하게 버겁다', '날씨가 혹독하다'는 말 역시 brutal 한 단어로 표현 가능합니다.

Korean house prices are brutal. 한국 집값 비싸도 너무 비싸.

This weather is brutal. 날씨가 심하게 안 좋네.

I lost my job. This is gonna be brutal. 나, 직장에서 잘렸어. 앞으로 먹고살 일이 막막하다.

My personal trainer is brutal. 내 개인 트레이너는 운동을 너무 힘들게 시켜.

----

get it

get it은 매우 단순한 표현 같지만 물리적으로 무엇을 '받다', 누군가의 말을 '이해하다' 외에 누구에게 혼나기 직전일 때, 개에게 공을 던져주고 물어오라고 할 때, 물건을 좀 가져다 달라고 부탁할 때, 문을 열든 전화를 받든 자발적으로 나설 때 등 다양한 상황에서 활용 가능한 표현입니다.

That's it. You got it. 그렇지. 맞았어.

Spot! Go get it. (개에게) 스팟! 가서 물어 와.

Can you get it for me? (물건) 좀 가져다줄래?

I'll go get it. 내가 가서 가져올게.

I got it. 알았어. / 이해했어. / (초인종이 울렸을 때) 내가 나갈게. / (전화벨이 울렸을 때) 내가 받을게.

You better stop it, or you're gonna get it. 너 그만하지 않으면 혼난다.

should be

어떤 상황이나 상태가 '그래야 한다'는 강요나 규칙을 표명할 때, 혹은 '그럴 것이다'는 확신을 나타낼 때 should be를 사용합니다.

You should be careful when you drive. 운전할 때는 조심해야 해.

This should be enough. 이 정도면 충분할 거야.

Don't worry. He should be OK. 걱정하지 마. 그 사람 괜찮을 거야.

She should be in her bed by nine. 걔, 9시면 꼭 잠자리에 들어야 해.

You shouldn't be outside in the rain. 비 올 때 밖에 나가면 안 돼.

I'm here to/for ~

은행이나 경찰서에 가면 "무엇을 도와드릴까요?"라고 묻죠. 그러면 계좌를 만들려고 왔다, 신고하려고 왔다 등등 용건을 말합니다. 이렇게 '~을 하러 왔는데요'라는 표현을 I'm here to ~라고 합니다. 또한 분실물 센터나 우체국에 가서 '~을 찾으러 왔는데요'라고 할 때는 물건이라는 개념에 맞추어 to 대신 for를 사용해서 I'm here for ~.라고 합니다.

I'm here to open an account. 계좌 개설하려고 왔어요.

I'm here to report child abuse. 아동 학대 신고하려고 왔어요.

I'm here for my package. 소포 가지러 왔는데요.

I'm here for my wallet. 지갑 찾으러 왔는데요.

Ella Oh, hi! I work with Jung-woo.

Rachel I see. I'm Rachel, Jung-woo's girlfriend.

Ella Nice to meet you, Rachel. Your boyfriend is such a brain!

Rachel I'm glad to hear that.

Jung-woo Ella doesn't wanna flunk math, so I'm helping her out.

Rachel It's not a big whoop, but I wish you would've told me about this before I walked in on you.

Jung-woo I'm sorry, Rachel! My bad!

Rachel Well, I think I distracted you guys. Sorry about that.

Jung-woo No, no. You're fine. We were about to wrap up.

Ella Hey, we still have one more problem and we need to move on to the next chapter.

Rachel Go ahead, Jung-woo. She sounds like she's desperate for you.

어휘

whoop 함성

distract 산만하게 하다

desperate 절실한, 필사적인

walk in on ~ 들이닥치다, 우연히 ~을 보게 되다

wrap up 마무리 짓다

해석

엘라 아, 안녕! 난 정우랑 같이 일해.

레이철 그렇구나. 난 레이철이라고 해. 정우 여자 친구야.

엘라 만나서 반가워, 레이철. 네 남자 친구 완전 천재다!

레이철 그런 말 들으니 기분 좋네.

정우 엘라가 수학 낙제하기 싫다고 해서 내가 도와주는 중이야.

레이철 그거야 별일 아닌데, 나한테 들키기 전에 미리 말을 해 줬으면 좋았을 걸 싶다.

정우 미안해, 레이철! 내가 잘못했어!

레이철 음, 내가 방해한 것 같네. 미안하게 됐어.

정우 아니, 아니. 괜찮아. 우리도 막 접으려던 참이었어.

엘라 야, 한 문제 더 풀고 다음 챕터로 넘어가야지.

레이철 그렇게 해, 정우야. 네가 아주 절실하게 필요한가 본데.

such a ~

굉장히 좋은 남편, 굉장히 못된 아이, 굉장히 시끄러운 소리, 굉장한 골칫거리 등등 정도를 넘어서 '굉장히' 어떻다고 할 때 such a ~를 사용합니다.

He's such a good husband. 그 사람은 정말로 좋은 남편이야.

Julie is such a bragger. 줄리는 진짜 제 잘난 척하는 맛에 사는 애야.

The boy made such a loud noise. 남자애가 엄청 시끄럽게 하더라고.

My mom's house is such a pain.
우리 엄마 집이 (고장이 잦거나 집이 안 팔리는 등등의 문제로) 아주 골칫거리라니까.

It's not a big whoop.

"별일 아니야"라는 뜻의 It's not a big deal.은 많이 들어 보셨을 텐데요. 이와 같은 뜻으로 요즘 젊은 층에서 많이 쓰이는 표현이 바로 It's not a big whoop.입니다. whoop는 '와 하는 함성'이라는 뜻의 단어인데요. 소리 지를 정도로 대단한 일은 아니라는 의미예요. 누군가 Big whoop.라고 말했다면 So what?과 같은 뜻으로 "그래서 뭐 어쩌라고?", "참도 큰일이다"와 같이 비꼬는 표현이 됩니다.

My bad!

My bad!는 "내 실수야!", "내 잘못이야!"라는 뜻인데요. 비슷한 표현으로는 My fault.와 My mistake.가 있습니다.

A Who left the refrigerator open? 누가 냉장고 문 열어 놨어?
B Sorry. My bad! 미안. 내 실수야!

distract

공부하는데 옆에서 누군가 시끄럽게 하거나, 영화를 보는데 자꾸 말을 걸면 방해가 되죠.
이렇게 누군가를 '산만하게 하다, 정신없게 하다'의 표현이 바로 distract입니다.

Don't distract me. I'm serious. 정신 사납게 굴지 마. 지금 심각하단 말이야.

Your sis is doing her homework, so you're not supposed to distract her.
누나 숙제하고 있으니까 방해하면 안 돼.

Our dog got out while the solicitor was distracting me.
방문 판매원한테 정신 팔려 있는 사이에 개가 집을 나갔지 뭐야.

---

wrap up

말 그대로 뭔가를 '포장하다, 두르다'라는 뜻 외에 퇴근을 앞두고 하던 일을 접거나, 회의를
마치거나, 모임을 끝내는 등 하던 것을 '마무리한다'고 할 때도 wrap up이란 표현을 씁니다.
또한 이야기나 뉴스를 짧게 요약하는 것 역시 wrap up이라고 해요.

A When are you going to wrap up? 일 언제 접을 거야?
B I'm wrapping it up now. 지금 접는다.

Can you wrap up the story? 이야기를 요약해 줄 수 있어?

---

desperate for ~

desperate for ~는 '~가 절실한, 꼭 필요한'이라는 뜻인데요. 아내 없이는 못 산다, 그 집을
꼭 사야겠다, 그 직장에 꼭 들어가고 싶다 등 간절함을 표현할 때 쓸 수 있습니다.

I'm desperate for your call. 나한테 꼭 좀 전화해 줘.

She's so desperate for money. 그 사람, 진짜로 돈이 궁한가 봐.

Are you that desperate for a job? 일자리가 그렇게 절실해요?

Scene 52

(in the school girls' restroom)

Rachel Ella?

Ella Oh, hi, Rachel.

Rachel How's it going with your math?

Ella Thank God, it's finally coming together. The next exam is 50 percent of my semester grade, and I think I'm almost ready for it.

Rachel I guess my boyfriend is working hard for you.

Ella He really is. They don't call Jung-woo Math magician for nothing.

Rachel Look! You better not get your hopes up.

Ella Why not? I think I'll do well on the test.

Rachel No, I'm not talking about the exam.

Ella Then, what about?

come together 자리가 잡히다   semester (2학기제의) 학기
for nothing 이유 없이   What about? 그럼 뭐?

해석

(학교 여자 화장실)

레이철   엘라?

엘라   아, 안녕, 레이철.

레이철   수학은 잘돼 가고 있어?

엘라   다행히도 이제 좀 뭐가 되어 가는 것 같아. 다음 시험 성적이 이번 학기
            총점의 50퍼센트나 되는데, 좀만 더 하면 걱정 안 해도 될 것 같아.

레이철   내 남자 친구가 널 위해 참 열심인가 보구나.

엘라   그렇다니까. 애들이 정우를 괜히 수학의 마법사라고 부르는 게
            아니더라고.

레이철   있잖아! 난 네가 희망을 품지 않았으면 하는데.

엘라   왜? 난 시험 잘 볼 것 같은데.

레이철   아니, 시험 얘기가 아니라.

엘라   그럼 무슨 얘기야?

It's coming together.

새로 옮긴 사무실이나 집이 슬슬 자리 잡혀 갈 때, 혹은 복잡하고 어려워서 가닥이 잡히지 않던 일이 조금씩 풀릴 때 It's coming together.이라고 합니다.

Our new house is coming together. 이사 온 집이 이제 슬슬 자리 잡혀 가는 중이야.

My ideas are all coming together. 이제 좀 계획이 서는 것 같아.

All the evidence is coming together. 모든 증거가 조각처럼 맞아떨어지고 있어.

---

for nothing

며칠씩 밤을 새워 가며 완성한 프로젝트를 제출했는데 마음에 안 드니 다시 제출하라는 말을 들었다면, 결국 쓰지도 못할 걸 하느라 며칠씩 잠도 못 잤나 하는 속상한 생각이 들겠죠. 이처럼 '쓸모없는', '말짱 헛것'에 해당하는 표현이 바로 for nothing입니다.

You're not gonna eat dinner? I guess I cooked for nothing.
저녁을 안 먹겠다고? 괜히 저녁 준비했나 봐.

The teacher waived everybody's homework. We did our homework for nothing.
선생님이 숙제 안 내도 된대. 다들 안 해도 될 숙제를 괜히 했다는 거 아니야.

His girlfriend broke up with him today. He bought the ring for nothing.
그 사람, 오늘 여자 친구한테 차였대. 이젠 쓸데도 없는 반지를 괜히 샀지 뭐야.

---

get one's hopes up

돼지 꿈, 똥 꿈, 대통령 꿈을 꾸고 나면 어쩐지 돈이 굴러들어올 것만 같아 복권을 사기도 하죠. 이렇게 뭔가 '기대를 걸다, 희망을 품다'라는 말을 영어로는 get one's hopes up이라고 합니다.

You got your hopes up too much. 네가 기대를 너무 많이 했어.

She's getting her hopes up about going to Bora Bora.
걔, 보라보라에 갈 수 있을까 싶어서 잔뜩 기대하고 있다니까.

What about?

얼핏 듣기엔 중간에서 잘린 문장 같지만 "그럼 뭐?", "뭔데 그래?"라는 뜻으로 많이 쓰이는 구어체입니다.

미국 학교의 학기

한국은 일률적으로 2학기제를 고수하고 있는 반면 미국은 학년, 주, 지역에 따라 학기가 다르게 운영되는데, 각각의 학기를 영어로 살펴보겠습니다.

2학기제 semester

3학기제 trimester
(tri는 '3'이란 뜻으로 삼각형이 triangle인 것도, 세발자전거가 tricycle인 것도 같은 이유입니다.)

4학기제 quarter

Scene 53

Rachel You know, Jung-woo is my boyfriend.

Ella Yeah, I know that.

Rachel I don't appreciate some other girl seeing my boyfriend regularly.

Ella But he tutors me.

Rachel Yeah, what a perfect excuse!

Ella OK, I got the point, but you don't need to worry.

Rachel I don't?

Ella You don't. I swear I have no interest in Jung-woo as a man.

Rachel I hope that's true, because for a split second, I thought you were trying to steal him from me.

Ella I'm not stealing anybody's boyfriend. Take my word for it.

regularly 정기적으로

excuse 변명, 변명하다

swear 맹세하다, 욕하다

for a split second 아주 잠깐 동안

tutor 개인 교습을 하다

point 요점

have no interest in ~ ~에 관심이 없다

steal 훔치다

해석

레이철 정우는 내 남자 친구야. 알지?

엘라 응, 알고 있어.

레이철 다른 여자가 내 남자 친구를 정기적으로 만나는 건 영 달갑지 않은데.

엘라 근데 이건 걔가 나 과외 해 주느라 그러는 거잖아.

레이철 그래, 아주 그럴싸한 핑곗거리지!

엘라 아, 무슨 말인지 이제 알겠다. 근데 그건 네가 걱정 안 해도 돼.

레이철 그래?

엘라 응. 맹세코 정우를 남자로 생각한 적 없어.

레이철 아주 잠깐, 네가 내 남자 친구를 훔치려는 건 아닌가 생각했었는데, 네 말이 사실이었으면 좋겠다.

엘라 난 남의 남자 친구나 훔치고 그러지 않아. 믿어도 돼.

I don't appreciate ~

진심으로 감사의 말을 전할 때 appreciate라는 표현을 사용하죠. 반대로 상대방의
언행이 마음에 안 들어서 '사양이다', '안 고맙다'고 말할 때는 부정문으로 활용하여 I don't
appreciate ~라고 하면 됩니다.

I know you're worrying about me, but I don't appreciate you calling me
ten times a day.
네가 내 걱정해 주는 건 알겠는데, 그렇다고 하루에 열 번씩 전화하는 건 하나도 안 고마워.

Please stop calling me 'honey.' I really don't appreciate that.
나를 '자기야'라고 좀 부르지 말아 줘. 그건 사양이야.

----

see someone

'누구를 만난다'는 말에는 의사나 변호사처럼 필요에 의해서 사람을 만난다는 의미와
요새 만나는 사람, 즉 사귀는 사람이 있다는 의미가 있습니다. 두 경우 다 '만난다'는 말을
사용하는데, 영어로는 '보다'라는 뜻의 동사 see를 쓰며 이 역시 필요에 의한 만남, 이성 간의
만남 모두를 의미합니다.

Do you need to see a doctor? 의사한테 가 봐야 할 것 같아?
I need to see a lawyer. 변호사를 만나 봐야겠어.
Are you seeing someone these days? 너 요새 만나는 사람 있니?
She's seeing someone. 걔, 만나는 사람 있어.

----

point

말하고자 하는 '요점'을 point라고 하죠. point가 들어가는 유용한 문장 몇 개를 살펴보도록
하겠습니다.

I got the point. 무슨 말인지 알겠어.
What's your point? 그러니까 네가 하고 싶은 말이 뭐야?
Get to the point. 요점만 말해.

관심이 1도 없다

어떤 대상에 대해 '관심이나 애착이 전혀 없다'는 뜻으로 '관심이 1도 없다'고 표현하기도 하죠. 영어로는 have no interest in ~ 또는 have zero interest in ~ 이라고 합니다. 반대로 '~에 관심이 있다'는 have interest in ~ 으로 표현합니다.

I have no interest in tennis. 난 테니스에는 관심이 전혀 없어.

She has zero interest in marriage. 걘 결혼에 관심이 하나도 없어.

He has zero interest in you. 그 남자, 너한테 관심 1도 없거든.

---

for a split second

1초도 안 되는 아주 짧은 시간 동안 어떤 생각이 휙 스쳐 지나가는 경우가 있습니다. 이렇게 '찰나', '아주 잠깐'이라는 말을 영어로는 for a split second라고 하는데요. 1초를 쪼갠 짧은 시간이라는 뜻입니다.

I thought about leaving my job for a split second, but I have to make a living. 직장을 관둘까 하는 생각을 아주 잠깐 했었는데 나도 먹고는 살아야지.

I only saw her for a split second at the bus stop.
버스 정류장에서 스치듯 그 사람 본 게 다야.

---

steal

훔칠 수 있는 건 돈이나 물건만이 아니죠. 다른 사람의 시간, 아이디어, 마음도 '훔쳤다'고 말하는데요. 영어로도 steal이라는 단어 하나로 모든 표현이 가능합니다.

You're stealing my time. 네가 지금 내 시간을 뺏고 있어.

Some writers steal other writers' stories.
어떤 작가들은 다른 작가의 이야기를 훔치기도 한다.

She stole his heart. 그 여자가 그 남자의 마음을 훔쳤어.

(in downtown)

 Rachel Hi, Jung-woo. Happy Halloween!

 Jung-woo Happy Halloween, Rachel!

 Rachel You're all blue! You're supposed to be … Don't tell me. It's coming to me.

 Jung-woo Do you need a clue?

 Rachel No. Give me a sec. It came to me! You're Yondu from *Guardians of the Galaxy*!

 Jung-woo You got it. And you're the prettiest Maleficent in the world.

 Rachel You're so sweet. I'm so excited to go to Paul's Halloween party.

 Jung-woo It'll be fun.

 Rachel I'm wondering what Paul will be.

 Jung-woo Knowing him, he'll be something common and obvious, like Darth Vader.

 Rachel Let's go find out. You ready?

clue 힌트, 단서

knowing 사람 내가 ~를 좀 알아서 하는 말인데

find out 알아내다

sec 초 (second의 준말)

common 평범한

해석

(시내)

레이첼 안녕, 정우야. 해피 핼러윈!

정우 해피 핼러윈, 레이첼!

레이첼 온몸이 다 파란색이네! 이 분장은… 말하지 마. 생각나려고 해.

정우 힌트 좀 줄까?

레이첼 아니. 잠깐만 기다려 봐. 생각났다! 〈가디언즈 오브 갤럭시〉에 나오는 욘두 분장을 했구나!

정우 맞았어. 그리고 넌 이 세상에서 제일 예쁜 말레피센트고.

레이첼 넌 말도 참 예쁘게 한다니까. 폴네 핼러윈 파티 너무 기대된다.

정우 재미있을 것 같아.

레이첼 폴은 어떤 분장을 했을지 궁금하네.

정우 걔를 좀 알아서 하는 말인데, 다스 베이더처럼 먼가 평범하고 뻔한 분장을 했을 거야.

레이첼 가 보면 알겠지. 이제 갈까?

You're supposed to be ~

앞서 〈be동사 + supposed to〉가 '~하기로 되어 있다', '~해야 한다'라는 뜻이라고
설명했는데요. 이 표현이 색다른 의미로 쓰이는 경우를 알려 드릴게요. 핼러윈이나 생일
파티, 이벤트를 위해 분장한 사람을 보고 "〈오즈의 마법사〉 도로시로 분장했군요"라든가,
혹은 어떤 캐릭터 분장인지 잘 모르겠어서 "뭐로 분장하신 거예요?"라고 물어보는 경우
You're supposed to be Dorothy. / What are you supposed to be? 이렇게
말할 수 있습니다.

You're supposed to be Batman. 넌 배트맨으로 분장했구나.
Are you supposed to be a witch? 너 마녀로 분장한 거야?

It's coming to me. / It came to me.

사람 이름, 영화 제목, 연예인 이름 등이 갑자기 기억나지 않을 때가 있죠. 머리를 쥐어짠
끝에 드디어 부분적으로 생각났을 때, "아, 기억나려고 해", "생각날 것 같아"라고 말합니다.
영어는 '그것이(기억이) 내게로 오고 있다'는 표현을 써서 It's coming to me.라고
합니다. 또한 확실하게 "기억났어!"라는 말은 It came to me!라고 하면 됩니다.

흔하다 vs. 드물다 / 독특하다

물건, 이름 등이 '흔하다'고 할 때 popular, common이라는 단어를 사용합니다. 예를 들어
아주 흔한 이름의 경우 popular name 혹은 common name 두 표현 다 쓸 수 있어요.
반대로 '드물다, 독특하다'고 할 때는 unique, different, one of a kind라고 합니다.

Michael is a common name. 마이클이라는 이름은 흔해.
Shahina is a unique name. 샤히나라는 이름 참 독특하다.
This neckless is one of a kind. 이런 목걸이는 흔치 않죠.
Your dress is very different. 네 드레스, 되게 색다르다.

미국의 명절 및 기념일의 시기와 명칭을 함께 알아보죠.

New Year's Day (새해 첫날) : 1월 1일

Valentine's Day (밸런타인데이) : 2월 14일

Easter Sunday (부활절) : 춘분 직후 보름달이 뜬 다음 일요일

Mother's Day (어머니 날) : 5월 두 번째 주 일요일

Memorial Day (현충일) : 5월 마지막 주 월요일

Father's Day (아버지 날) : 6월 세 번째 주 일요일

Independence Day (독립 기념일) : 7월 4일

Halloween (핼러윈) : 10월 31일

Veterans Day (국군의 날) : 11월 11일

Thanksgiving (추수감사절) : 11월 네 번째 주 목요일

Christmas (크리스마스) : 12월 25일

※ 명절, 기념일에는 만나는 사람들에게 "Happy 명절 이름!"이라고 인사하면 됩니다.
크리스마스의 경우 Merry Christmas! 대신 Happy Holiday!가 보편화되고 있습니다.
그리고 현충일 같은 기념일에는 특별히 인사를 주고받지는 않아요.

Scene 55

(at Paul's house)

 Paul "I'm your father!"

 Jung-woo I told you, Rachel.

 Rachel Darth Vader? Seriously?

 Paul Welcome to the Death Star, my friends! By the way, did you see the empty house up the street?

 Jung-woo No. What about it?

 Paul From what I hear, years ago, the husband poisoned his wife and pushed her off the upstairs deck and killed her. Since then, whoever goes into that house has a weird experience.

 Rachel Let's go check it out.

 Paul Are you insane? I don't wanna die on Halloween.

 Rachel Don't be a wimp. Jung-woo, what do you say?

 Jung-woo If you're in, I'm in.

 Rachel Paul, majority rule.

 Paul Oh, crap! You guys are giving me gray hair.

poison 독, 중독되다, 독살하다   deck 갑판, 나무판으로 넓게 짠 실외 공간

weird 이상한   insane 정신 나간

wimp 겁쟁이   majority rule 다수결 원칙

gray hair 흰머리

해석

(폴의 집)

폴   "내가 네 아비다!"

정우   내 말이 맞잖아, 레이철.

레이철 다스 베이더? 정말로?

폴   '죽음의 별'에 온 것을 환영한다, 친구들이여! 그나저나 너희들 저 위쪽에 빈집 봤냐?

정우   아니. 왜?

폴   내가 들은 바로는, 몇 년 전에 그 집에서 남편이 아내에게 독극물을 먹이고 위층 갑판에서 밀어 떨어뜨려서 죽였는데, 그 후로는 그 집에 들어가는 사람들마다 이상한 경험을 하고 나온대.

레이철 가서 확인해 보자.

폴   정신 나갔냐? 난 핼러윈 날에 죽을 마음 없거든요.

레이철 찌질하게 굴지 마. 정우야, 어쩔 거니?

정우   네가 가면 나도 가.

레이철 폴, 다수결로 결정됐어.

폴   아, 썩을! 내가 너희들 때문에 늙는다, 늙어.

내가 ~한 바로는

누군가에게 내가 본 것, 들은 것을 토대로 얘기할 때 '내가 본 바로는', '내가 들은 바로는'
이라고 말하죠. 영어로는 from what I hear(heard) / from what I see(saw)라고
표현합니다. '내가 아는 바로는'이라고 말하고 싶다면 from what I know라고 하면 되겠죠.

수년 / 수개월 / 수주 / 수일

오랜 기간을 나타낼 때 수년, 수개월, 수주, 수일을 표현할 때 many나 several을 사용해도
되지만, 그보다 더 간단하게 기간 단위 뒤에 s를 붙여 주는 방법이 있습니다. '수년 동안'은
for years, '수개월 동안'은 for months, 이런 식으로요.

It took me years for my leg to recover. 다리 회복하는 데 수년 걸렸지.
I haven't seen her for weeks. 그 사람 못 본 지 몇 주 됐어.

poison

poison 하면 '독약'이라는 명사로만 알고 있기 쉬운데요. 동사로 '독살하다', '망치다',
'악영향을 미치다'라는 뜻도 있습니다. 독을 써서 생명을 해하는 경우만이 아니라 상대를
정신적으로 망가뜨리는 경우, 나쁜 쪽으로 물들이는 경우에도 poison을 사용합니다.

The man poisoned the stray cats. 그 남자가 길고양이들을 독살했어.
He poisoned my life. 그 사람이 내 인생을 망쳤어.
I won't let you poison my kids. 내 아이들이 당신한테 물들게 그냥 두진 않겠어.

insane

'미친'이라는 뜻의 단어 insane은 정신 상태뿐 아니라 일이 전개되는 상황이 이상하고
비정상적일 때도 쓰입니다.

She's insane. 그 여자 정신 나갔구나.
The weather is insane. 날씨가 미쳤나 봐.

다수결의 원칙 / 소수의 권리

의사 결정에 있어서 다수의 의견을 따르는 '다수결의 원칙'을 영어로는 majority rule이라고 합니다. 하지만 사람들의 의식이 성장하면서 소수의 권리 역시 존중하자는 목소리가 커지고 있는데요. '소수의 권리'는 minority rights라고 합니다.

We should follow majority rule. 다수결의 원칙을 따르는 게 좋겠어.
We should also respect minority rights. 소수의 권리 역시 존중해야 해.

---

crap

일이 내 마음처럼 돌아가지 않을 때 "아, 이런!"의 뜻으로 Oh, crap!이라고 말하는데요. 그 외에도 새로 산 물건이 기대와는 달리 허접하거나 성능이 안 좋을 때 '쓰레기, 고물 덩어리'라는 표현으로도 crap을 활용합니다.

Holy crap! 이런 씨! (Holy shit!의 완곡한 표현)
This printer is a piece of crap. 이 인쇄기 완전 고물 덩어리잖아.

사람 give me gray hair.

'너 때문에 흰 머리가, 주름살이 는다'는 말은 결국 너 때문에 늙는다는 얘기죠. 영어로 흰머리는 white hair가 아니라 gray hair라는 점에 주의하세요. '내가 너 때문에 늙는다'는 의미의 또 다른 표현으로는 〈사람 age me.〉가 있습니다.

My son is giving me gray hair. 내가 우리 아들놈 때문에 흰머리가 는다니까.
You're aging me. 내가 너 때문에 늙는다, 늙어.

Scene 56

(at the haunted house)

Jung-woo I feel chills.

Paul I'm a little creeped out. Something feels strange.

Rachel And it's pitch dark in here.

Paul Wait! What was that?

Jung-woo Hey, don't do that.

Paul No, Seriously! I felt something.

Rachel Nice try.

Jung-woo Paul, that's enough. You need to stop pushing me in the back.

Paul Jung-woo, it's not me. I'm in front of you.

Jung-woo … Rachel?

Rachel I'm with Paul. There's no one behind you, Jung-woo.

Jung-woo We need to get out of here. Run!

chill 소름   be creeped out 소름 끼치다
pitch dark 칠흑처럼 어두운
Nice try. 시도는 좋았어. 노력해 봤으니 그게 어디야.

해석

(귀신 들린 집)

정우 소름 돋는데.

폴 좀 섬뜩하다. 먼가 느낌이 이상해.

레이철 게다가 집 안이 칠흑처럼 어두워.

폴 잠깐만! 방금 뭐였지?

정우 야, 그러지 마.

폴 아니, 농담이 아니라 진짜로! 먼가 있었다니까.

레이철 참 애쓴다.

정우 폴, 그만해. 자꾸 내 등 밀지 말라고.

폴 정우야, 나 아니야. 난 네 앞에 있어.

정우 … 레이철?

레이철 난 폴이랑 같이 있어. 네 뒤엔 아무도 없어, 정우야.

정우 여기서 나가야 해. 뛰어!

chills

무서운 장면을 목격하거나 전혀 기대하지 않았던 반전을 경험하면 '소름 끼친다'고 하죠.
그리고 감기 몸살로 인해 몸이 으슬으슬 떨리는 증세를 '오한이 든다'고 하죠. 영어로는
'소름'과 '오한' 두 가지를 chills 하나로 표현합니다.

The last scene gave me chills. 마지막 장면에서 소름 돋더라.
I caught a cold, and I have chills. 감기 걸려서 오한이 드네.

----

creep

〈식스 센스〉, 〈알 포인트〉, 〈여고괴담〉, 〈곡성〉 등 무서운 영화를 볼 때 섬뜩한 느낌이
들잖아요. '섬뜩하게 하다'를 영어로는 creep이라고 하는데요. '영화나 이야기 자체가
무섭다'고 할 때는 형용사 형태로 It's creepy.라고 하고, 무서운 것을 봐서 '내가 섬뜩함을
느꼈다'고 할 때는 수동사 형태로 I'm creeped out.이라고 하면 됩니다.

Something + feels / smells / tastes / sounds ~

"무슨 냄새가 이렇게 좋아?", "뭔가 께름칙한 느낌이 들어", "어디서 이상한 소리가 들려"
이렇게 뭔지는 모르지만 오감을 자극한다는 표현으로 〈Something + feels / smells /
tastes / sounds 〉 구문을 활용합니다.

Something feels uncomfortable. 뭔지 모르게 불편해.
Something smells burnt. 뭐 타는 냄새 난다.
Something tastes tangy. 뭔가 톡 쏘는 맛이 나네.
Something sounds loose under my truck. 내 트럭 밑에서 뭔가 덜그럭거리는 소리가 나.

색다른 '색깔'

본문에서 '칠흑같이 어두운(pitch dark)'이라는 표현이 나왔는데요. '새까만 색깔' 역시 pitch라는 표현을 써서 pitch black이라고 해요. 그럼 여러 가지 색깔들을 영어로 살펴보도록 하겠습니다.

진빨강: dark red

다갈색: rust

연노랑색: baby yellow / light yellow

연초록색: baby green / apple green

옅은 파란색: baby blue / light blue

청록색: turquoise

진보라색: deep purple

잿빛: ash gray

갈색: brown / chocolate

옅은 갈색: caramel

옥색: jade

호박색: ember

다홍색: reddish

자홍색: magenta

진주황색: burnt orange

진노랑색: dark yellow

진초록색: dark green / forest green

짙은 파란색 (남색): dark blue / navy blue

연보라색: lavender / light purple

자주색: red violet

살색: tan / peach

새하얀색: snow white / milky white

Scene 57

(on the phone)

 Jung-woo Hello, Rachel?

 Rachel Hey, Jung-woo. I have something to ask you.

 Jung-woo Go ahead.

 Rachel Do you have plans for Thanksgiving?

 Jung-woo Nothing special. Normally we have a big family dinner, but it's been canceled this year because my aunt is sick in bed.

 Rachel Do you think your parents would mind if I borrow you for dinner?

 Jung-woo Depends on the occasion. What for?

 Rachel My dad invited you to our place for Thanksgiving dinner.

 Jung-woo Seriously? Oh, wow!

 Rachel He's been wanting to meet you. Can you come?

 Jung-woo Well, yes. I'm a little nervous, though.

 Rachel Don't worry. It'll go well.

sick in bed 앓아눕다   mind 언짢아하다

borrow 빌리다   occasion 경우, 때

nervous 불안한, 긴장되는   go well 순조롭게 진행되다

해석

(전화 통화)

정우   여보세요, 레이철?

레이철   안녕, 정우야. 나 뭐 좀 물어보려고.

정우   응, 물어봐.

레이철   너 추수감사절에 무슨 계획 있니?

정우   특별한 계획은 없어. 보통은 가족들이 전부 모여서 같이 저녁을 먹는데, 올해는 이모가 병석에 계시는 관계로 취소됐거든.

레이철   네가 나랑 저녁을 같이한다고 하면 너희 부모님이 싫어하실까?

정우   경우에 따라 다르겠지. 무슨 일인데?

레이철   우리 아빠가 너를 저녁 식사에 초대하셨어.

정우   정말? 와!

레이철   널 한번 보고 싶어 하셨거든. 올 수 있을까?

정우   글쎄, 그러지, 뭐. 좀 긴장되긴 하지만 말이야.

레이철   걱정하지 마. 별일 없을 거야.

Go ahead.

Go ahead.는 일상생활에서 많이 쓰이는데요. 상황에 따른 그 쓰임새를 알아보겠습니다.

- 둘이 동시에 말을 꺼냈을 때 "먼저 말씀하세요."
- 상대방의 말을 중간에 끊은 것 같을 때 "마저 말씀하세요."
- 출입문 앞에 동시에 섰을 때 "먼저 들어가세요. / 먼저 나가세요."
- 물건이나 순서를 양보할 때 "가져가세요. / 먼저 하세요."
- 비어 있는 자리를 동시에 맡으려고 하다가 양보할 때 "앉으세요."
- 상대방이 내게 신경을 쓰느라 하던 일을 잠시 멈췄을 때 "일마저 하세요."

건강 상태

건강이 많이 안 좋아서 '병석에 있다'는 표현을 영어로는 침대에서 앓고 있다는 뜻으로
sick in bed라고 합니다. 그 상태에서 병세가 더 악화된 경우라면 She's not doing
well. / He's doing worse. / She's getting worse.라고 표현하고, 만약 가망이 없는
상태라면 She's not gonna make it.이라고 합니다. 반대로 병세가 호전된 경우에는
He's doing well/better. 다 나았다면 She's all fine now. / He's totally OK now.
/ She's fully recovered. 등으로 표현할 수 있습니다.

---

mind if I ~ ?

"담배 좀 피워도 될까요?", "창문 좀 열어도 될까요?" 이렇게 어떤 행동을 하기 전에
상대방에게 양해를 구할 때 Do you mind if I ~? 구문을 사용합니다. 그 자리에 없는
제삼자가 동의할지 어떨지 걱정하는 경우에는 Would he mind ~? / Will she mind ~?
등으로 활용하면 되겠죠.

Do you mind if I close the window? 창문 좀 닫아도 될까요?
Would she mind If I show up at her birthday party?
내가 그 사람 생일 파티에 가면 안 좋아할까?

Will he mind if I paint the wall pink? 내가 벽을 분홍색으로 칠하면 걔가 싫어할까?

borrow 사람

물건을 빌리는 것을 borrow라고 하죠. 그런데 내가 '누구를 잠깐 데려간다'고 할 때도 borrow를 씁니다. 우리말의 "얘 좀 잠깐 빌릴게"라는 표현과 같습니다.

Can I borrow your sister for my homework?
숙제 때문에 그러는데 너희 언니 좀 잠깐 빌려도 될까?

Excuse me, class. Can I borrow your teacher for a sec, please?
학생 여러분, 죄송하지만 선생님 좀 잠깐 모셔가도 될까요?

---

depend on ~

"여행을 가고 못 가고는 날씨에 달려 있어", "네 성적에 따라 용돈을 올려 줄 수도 있고 아닐 수도 있어"와 같이 조건에 따라 결과가 달라질 때 '~에 달려 있다, ~에 따라 다르다'라는 뜻으로 depend on ~을 쓰는데요. 이 구문은 '~에게 의지하다'라는 뜻도 있습니다.

It depends on you. 네가 어떻게 하냐에 따라 달라지지.

Buying a puppy depends on your report card.
강아지를 사고 말고는 네 성적표에 달려 있지.

I can always depend on you. 네가 항상 의지가 돼.

---

go well

사업이든 연애든 전반적으로 '일이 잘 풀린다'는 표현을 영어로는 go well이라고 하는데요. 반대로 '일이 잘 안 풀린다'고 할 때는 doesn't go well을 써서 부정문으로 활용하면 됩니다.

My business is going well. 사업이 잘 돌아가고 있어.

The interview went well. 인터뷰는 잘 진행됐어.

It didn't go that well. 일이 잘 안 됐어.

Scene 58

(at Rachel's house)

Rachel's mom Welcome, Jung-woo. It's so nice to meet you. I'm Kaylyn.

Rachel's dad Hi, I'm Dane, Rachel's dad.

Jung-woo Thank you for inviting me, Mr. and Mrs. Wilson.

(at the dining table)

Rachel's dad So, what are your future plans, Jung-woo? You're going to need to make a living, you know.

Rachel's mom Dane, don't go too far. He's just a kid.

Rachel's dad A kid with no plan doesn't deserve my daughter. She doesn't need a dreamer.

Rachel's mom Jung-woo, please understand. Rachel is the apple of his eye.

Jung-woo I certainly understand. I want to major in computer programing in college, Mr. Wilson.

Rachel's mom I guess computers are the past, present and future. I'm surprised I'm able to survive without knowing a thing about computers.

Rachel's dad Because you have me, my sweetie pie!

Rachel Dad, can we just eat?

240

어휘

make a living 생계를 꾸리다   go too far 너무 멀리 가다. 오버하다

the apple of one's eye ~가 애지중지하는 사람   major in ~ ~를 전공하다

sweetie pie 귀염둥이, 예쁜 우리 자기

해석

(레이철의 집)

레이철 엄마   정우야, 어서 와. 만나서 반갑다. 난 케일린이라고 해.

레이철 아빠   안녕, 난 레이철 아빠 데인이라고 한다.

정우   두 분께서 저를 초대해 주시다니 감사합니다.

(식사 중)

레이철 아빠   커서 뭘 할 계획이니, 정우야? 뭐든 해서 먹고살아야지.

레이철 엄마   데인, 그런 질문은 너무 이르죠. 아직 앤데.

레이철 아빠   아무리 애라도 계획이 없다면 내 딸과 사귈 자격이 없지. 내 딸한테 공상가는 필요 없어.

레이철 엄마   정우야, 네가 이해해라. 이이가 딸 바보라서 그래.

정우   당연히 이해합니다. 저는 대학에서 컴퓨터 프로그래밍을 전공하고 싶습니다.

레이철 엄마   과거도 현재도 미래도 역시 컴퓨터인가 봐. 나는 완전 컴맹이면서 이제껏 불편 없이 살아 온 걸 보면 참 놀라워.

레이철 아빠   우리 여보한테는 내가 있잖소!

레이철   아빠, 그냥 밥 좀 먹으면 안 될까요?

make a living

삯바느질을 하든 변호사를 하든 어떻게든 '먹고살다, 생계를 유지하다'라는 말을 영어로는
'생계를 만든다'는 표현을 써서 make a living이라고 합니다.

It's not that easy to make a living these days. 요즘은 벌어 먹고살기도 빠듯해.

We gotta make a living somehow. 어떻게든 먹고살아야지.

I'm worrying about you. How are you gonna make a living?
너 때문에 걱정이다. 뭐 해 먹고살래?

He made a living as a gardner. 그 사람, 정원사 일로 생계를 꾸렸지.

---

too far

걷다 보니 너무 멀리까지 왔다, 핀란드는 너무 멀다라는 표현에서처럼 물리적으로 먼 거리를
말할 때도 too far를 쓰지만 말이나 행동이 너무 지나칠 때, 혹은 어떤 일에 과잉 반응을
보일 때도 사용해요. 우리말의 '오버한다, 너무 훅 갔다'와 비슷한 표현입니다.

Don't go too far. 너무 오버하지 마.

OK, that's enough. Now you're going too far.
알았으니까 이제 그만. 너 너무 멀리 가는 것 같다.

I think you went too far. She's mad at you. 네가 너무 심했던 것 같아. 쟤, 너한테 화났어.

People are taking it too far. 사람들이 이 일을 더 부풀리고 있어.

---

deserve

선행을 많이 했으니 상을 받을 만하다, 일을 열심히 했으니 밥을 많이 먹을 자격이 있다고
할 때 '~할 자격이 있다'는 뜻으로 deserve를 사용해요. 반대로 못된 짓을 했으니 '당해도
싸다'는 표현에도 역시 deserve를 사용합니다.

He tried so hard. He deserves first place. 걔, 얼마나 열심히 했다고. 1등 할 만해.

You were rude to your teacher. You deserve detention.
선생님께 그렇게 무례하게 굴었으니 방과 후에 집에 못 가도 싸지.

the apple of my eye

내가 너무나 사랑하는 사람, 눈에 넣어도 안 아픈 사람, 너무 소중한 사람을 영어로는 the apple of my eye라고 표현합니다. 이와 비슷한 표현들로는 '나의 희망, 등불'이라는 뜻으로 the light of my life, '내 보물'이라는 뜻으로 my treasure, '내 보석'이라는 뜻으로 my gem 등이 있습니다.

전공/ 부전공/ 복수전공

대학에 가면 보통 한 가지 분야를 전공하게 되죠. 그런데 간혹 부전공을 함께 공부하는 학생들도 있고 두 가지 분야를 복수로 전공하는 학생들도 있는데요. 영어로는 어떻게 표현하는지 알아보겠습니다.

전공: major

I majored in Creative Writing in college.
난 대학에서 문예 창작을 전공했어.

부전공: minor

She minored in Environmental Science in college.
걔 대학에서 부전공으로 환경 공학 들었잖아.

복수전공: double major

He double majored in Animal Science and Computer Science.
그 사람은 축산 공학이랑 컴퓨터 공학을 복수로 전공했어.

Scene 59

(after dinner)

 Rachel Well, you survived, Jung-woo.

 Jung-woo Phew … Your dad truly adores you.

 Rachel He's too much. And the way he talks? What a boomer!

 Jung-woo He just wants to make sure everything is right for you.

 Rachel You sound like a boomer, too.

 Jung-woo Oops!

 Rachel Well, thank you for coming and dealing with my dad.

 Jung-woo Thank YOU. It was very special for me.

 Rachel You're so sweet.

 Jung-woo I should go home now. It's getting late.

어휘

phew 휴   truly 진심으로, 진정으로

boomer 꼰대   make sure 확실히 해 두다

deal with ~ ～와 상대하다, 처리하다

해석

(저녁 식사 후)

레이철   잘 넘어갔다, 정우야.

정우   휴… 너희 아빠 진짜 널 엄청 아끼시더라.

레이철   좀 지나치지. 그리고 말씀하시는 거 보면 완전 꼰대라니까!

정우   다 너 잘되라고 그러시는 거지.

레이철   어째 너도 꼰대처럼 말한다.

정우   아이고!

레이철   아무튼 이렇게 와서 우리 아빠랑 상대해 줘서 고마워.

정우   내가 더 고맙지. 나한테는 아주 특별한 시간이었어.

레이철   넌 너무 착해.

정우   이제 집에 가 봐야겠다. 시간이 벌써 이렇게 됐어.

adore

아빠가 딸을 너무 예뻐한다, 할머니가 손자를 무척 아낀다는 표현들의 공통점은 누가 누구를 '엄청 좋아한다'는 것인데요. 영어로는 adore이라고 하며 실생활에서 아주 흔하게 쓰입니다.

I adore my grandchild. 내가 우리 손주를 얼마나 예뻐하는데.
She adores her son. 그 사람, 자기 아들이라면 껌뻑 죽는다니까.

---

make sure

잠자리에 들기 전에 대문이 잘 잠겼나 확인하는 일, 학교 가기 전에 숙제를 잘 챙겼나 확인하는 일 등 무엇을 '확실하게 해 둔다'는 것을 make sure이라고 표현합니다.

Make sure we don't forget anything. 뭐 빠트린 거 없나 잘 확인해.
Did you make sure that the stove is off? 가스 불 껐는지 확실히 확인했어?

---

sound like ~

코 고는 소리가 새 소리 같다, 바람 부는 소리가 울음소리 같다 등 '~ 소리 같다'고 비유하는 것을 sound like라고 표현하는데요. '사고방식이나 말투가 누구와 닮았다'고 할 때 역시 같은 표현을 씁니다.

You sound like my mom. 너, 꼭 우리 엄마처럼 말한다.
He sounds exactly like his dad. 걔, 말 하는 게 자기네 아빠랑 완전 똑같더라니까.

---

deal with ~

사람, 상황, 문제 등을 '다루다, 상대한다'고 할 때 deal with ~ 표현을 씁니다.

I don't know how to deal with teenagers. 난 청소년들은 영 못 다루겠어.
I know how to deal with my mom. 우리 엄마를 어떻게 상대해야 하는지는 내가 잘 알지.

He is so hard to deal with. 그 사람 상대하기가 얼마나 어려운데.

We have to deal with this problem. 우리가 이 문제를 잘 해결해야지.

She's having hard time dealing with pregnancy.
그 사람, 임신하고 나서는 엄청 힘들어하고 있어.

Thank YOU!

한국 사람들이 영어를 배우며 가장 궁금해하는 것 중 하나가 "아니야, 내가 더 고맙지"를 영어로 어떻게 말할까 하는 건데요. 답은 의외로 너무 간단합니다. 똑같이 Thank you.라고 하되 you에 힘을 주어 한껏 올려서 말하면 됩니다.

A Thank you! 고마워!
B Thank YOU! 내가 더 고맙지!

 문화산책

boomers 꼰대

baby boomers를 줄여서 부르는 말로 사전적 의미로는 제2차 세계 대전 후인 1946~1964년 사이 에 태어난 이들을 말합니다. 어마어마한 출산율을 자랑했던 이 세대들이 지금은 50대~70대 후반 의 기성세대가 되었죠. 이들은 젊은 세대와의 의견 마찰, 가치관의 대립을 겪으며 'boomers'라 불리 기에 이르렀는데 잔소리 많고, 뭐든 가르치려 들고, 훈계하려 한다는 기존의 의미를 넘어 이제는 친 구 사이에서도 습관적으로 쓰이는 말이 되어 버렸습니다. 듣기 싫은 상대방의 말을 끊을 때도 "OK, boomer."라고 말할 정도가 되었습니다.

Scene 60

(at the entrance to a department store)

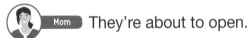 **Mom** They're about to open.

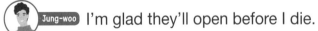 **Jung-woo** I'm glad they'll open before I die.

 **Mom** Oh, don't be a crybaby. It hasn't been that long.

 **Jung-woo** What? Mom, we've been staring at the door for seven hours!

 **Mom** Look around. We're not alone.

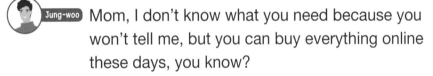 **Jung-woo** Mom, I don't know what you need because you won't tell me, but you can buy everything online these days, you know?

 **Mom** I'm not comfortable buying stuff online. I'm old-fashioned.

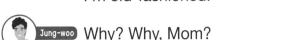 **Jung-woo** Why? Why, Mom?

Mom This is real. And now we have something to talk about when we get together in twenty years.

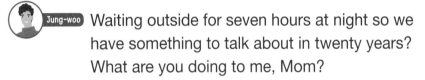 **Jung-woo** Waiting outside for seven hours at night so we have something to talk about in twenty years? What are you doing to me, Mom?

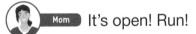 **Mom** It's open! Run!

해석

(백화점 정문 앞)

엄마   이제 곧 문 열려나 보다.

정우   죽기 전에 문 여는 걸 볼 수 있어서 기쁘네요.

엄마   엄살떨지 마. 뭘 또 그렇게 오래 기다렸다고.

정우   엄살이라니요? 엄마, 우리 일곱 시간 동안이나 뚫어져라 문만 쳐다보고
있었다고요!

엄마   둘러봐라. 어디 우리만 기다렸나.

정우   엄마, 말씀을 안 하시니까 대체 뭘 사시려고 이러는지는 모르겠지만,
요새는 인터넷으로 뭐든 다 살 수 있다니까요, 네?

엄마   인터넷에서 물건 사는 거, 난 불편하고 싫어. 네 엄만 구식이란다.

정우   엄마, 왜 꼭 이래야만 해요, 왜?

엄마   이렇게 사야 사는 거지. 그리고 이제 20년 후에 다 같이 모였을 때 나눌
얘깃거리도 생겼잖니.

정우   20년 후에 다 같이 모여서 얘기할 거리 만들자고 오밤중에 밖에서 일곱
시간을 기다려요? 저한테 정말 왜 이러세요, 엄마?

엄마   문 열렸다! 달려!

be about to ~

막 가게 문을 열려고 할 때, 축구 경기가 시작되려고 할 때, 참다 참다 폭발하기 직전… 이렇게 무슨 일이 벌어지려 할 때 '~하기 직전이다', '막 ~하려고 한다'라는 뜻으로 be about to를 사용합니다.

I'm about to throw up. 나 지금 토할 것 같아.

The airplane is about to take off. 비행기 막 뜨려고 해.

She's about to blow up. 쟤 지금 터지기 일보 직전이야. (화난 경우)

상점에서 쓸 수 있는 영어 표현

가게 몇 시에 닫아요? / 오늘 몇 시까지 영업하세요?
What time do you close? / How long are you open today?

내일 가게 몇 시에 열어요?
What time do you open tomorrow?

손 세정제 팔아요?
Do you have hand sanitizer?

(개수가 부족할 때) 이거 더 있어요?
Do you have more of this[these]? / Do you have more in the back?

세일 언제 해요? / 세일 계획 있으세요?
When are you having a sale? / Do you have plans for a sale?

(세일 기간을 놓쳤을 때) 또 언제 세일해요?
When is your next sale?

(찾는 물건이 높은 선반 위에 있을 때) 저것 좀 내려 주시겠어요? 손이 안 닿아서요.
Can you get that for me, please? I can't reach.

봉지에 좀 넣어 주시겠어요?
Can I get a bag, please?

환불 가능한가요? / 이거 교환할 수 있을까요?
Can I get a refund, please? / Can I exchange this item, please?

250

crybaby

매사에 징징거리는 사람, 애처럼 투덜대며 칭얼거리는 사람들이 있죠. 그런 사람들을 두고 영어로는 crybaby라고 합니다. 비슷한 표현들로는 whiner(엄살 부리는 사람), Debbie downer(부정적인 사람), complainer(불평/투덜대는 사람), moaner(불평하는 사람) 등이 있습니다. cry와 baby는 붙여 쓴다는 점에 유의하세요.

---

buy ~ online

한국에서는 '인터넷 쇼핑했다', '인터넷에서 샀다'고 표현하는 반면, 미국에서는 주로 '온라인 쇼핑했다', '온라인에서 샀다'라고 말합니다.

Buying online is cheaper and easier. 인터넷으로 사는 게 싸고 편해.
I bought this lamp online. 이 램프, 인터넷에서 샀어.

모임

"언제 모일까?"에서 '모인다'는 영어로 get together인데요. 어떤 '모임'이라고 할 때는 명사형으로 gathering을 사용하면 됩니다. 또 계획에 없던 모임이 갑자기 소집되는 '번개 모임'은 impromptu라고 합니다.

We get together once a month. 우리는 한 달에 한 번씩 모여요.
We're having a high school gathering. 고등학교 동창 모임이 있어.
This is impromptu. 번개 모임이야.

🍔 문화산책

Black Friday / Cyber Monday
'추수감사절' 다음 날은 Black Friday로 대규모 세일이 열리는데, 해가 갈수록 세일 기간이 앞당겨져서 이제는 금요일이 아닌 목요일 오후부터 시작하거나 심지어는 추수감사절 전에 시작하는 곳도 많습니다. 이때는 서로 물건을 쟁취하려고 몸싸움도 심심찮게 일어나는데 아내의 속옷을 사려고 빅토리아 시크릿 매장에서 두 남자가 한 장 남은 속옷을 움켜쥐고 싸우는 모습이 뉴스에 보도되기도 했어요. 추수감사절 다음 주 월요일은 Cyber Monday라 하여 최대 규모의 온라인 세일이 열립니다.

Scene 61

 Mom, I can't move. I'm stuck.

 Push forward. We need to get to the shoe store first.

 Jung-woo?

 Hey, man! You look like you've got the same fate as me.

 My mom dragged me here to use me as a human shield.

 Hi, Mrs. Bennett!

 It's not the right time to say hi, Jung-woo. Paul, push harder.

 What am I? A gladiator?

 Good luck, Paul! Hope to see you alive.

 I got it! Jung-woo! I got it!

stuck 끼인, 갇힌   forward 앞쪽으로

fate 운명   drag 질질 끌다

human shield 인간 방패

해석

정우   엄마, 움직일 수가 없어요. 사람들 사이에 끼었어요.

엄마   앞으로 밀어. 일단 신발 가게에 가야 해.

폴   정우?

정우   어, 야! 너도 나랑 같은 팔자구나.

폴   우리 엄마가 나를 인간 방패로 쓰겠다고 여기까지 끌고 오셨단다.

정우   아줌마, 안녕하세요?

폴 엄마   지금 인사나 하고 있을 때가 아니다, 정우야. 폴, 더 세게 밀라니까.

폴   도대체 내가 글래디에이터야, 뭐야?

정우   행운을 빈다, 폴! 부디 살아서 다시 만나자.

정우 엄마   잡았다! 정우야! 엄마가 잡았어!

stuck

stuck은 어디에 '걸린, 끼인'이라는 뜻인데요. 몸이나 물건이 물리적으로 끼인 상태뿐 아니라 일이나 공부를 하다가 막혔을 때 등 불리한 상황, 또는 별수 없이 한 직종에서 계속 일하거나 어느 장소에 발이 묶인 경우에도 사용할 수 있습니다.

My car is stuck between the trucks. 내 차가 트럭 사이에 끼었어.

I'm stuck on a math problem. 수학 문제 풀다가 막혔어.

He's stuck in a sales job. 그 사람, 판매직에 아주 묶였나 봐.

There are no flights to Korea. I'm stuck here.
한국으로 가는 비행기가 없어. 발이 묶였다니까.

방향

단순하게 위, 아래, 앞, 뒤, 옆이 아니라 위쪽, 아래쪽… 이렇게 방향을 제시하는 '쪽'이 붙는 경우에는 어떻게 말하는지 살펴보겠습니다.

up ➜ upward
Stretch your arms upward. 팔을 위로 쭉 뻗어.

down ➜ downward
Water flows downward. 물은 아래로 흐른다.

front ➜ forward
Can you move your car a little forward? 차 좀 앞으로 빼 줄래?

back ➜ backward
Don't lean backward in the chair. 의자 뒤로 젖히지 마.

side ➜ sideways
Crabs walk sideways. 게는 옆으로 걸어요.

drag

아이가 이불을 '질질 끌고 다닌다'거나, 일이 '느리게 진행된다'거나, 별거 아닌 '문제를 계속 키운다'거나, 싫다는 사람을 억지로 '여기저기 끌고 다닌다'고 할 때, 이 모든 경우에 drag를 사용할 수 있습니다.

Don't drag your shoes. 신발 질질 끌지 마.
This is such a drag. 일에 속도가 안 나.
Come on! You're dragging it. 아우 좀! 네가 문제를 더 키운다, 키워.
He drags his wife everywhere. 그 사람은 어딜 가든 자기 아내를 끌고 다녀.

---

human shield

전쟁이나 테러, 범죄에 사람을 방패로 이용하는 경우가 있죠. '인간 방패, 총알받이'라고 하는데요. 영어로는 human shield라고 합니다. 또한 '인질'은 hostage, captive라고 해요.

The criminals are using their hostages as human shield.
범인들이 인질을 인간 방패로 이용하고 있습니다.

타이밍

지금 주식을 사야 한다, 집 팔기에 지금만 한 때가 없다 등 '지금이야말로 ~하기에 가장 좋은 타이밍이다'를 영어로는 This is the perfect time to ~. / Now it's the time to ~. / This is the time to ~.라고 하고, 반대로 '지금은 ~할 때가 아니다'는 It's not the right time to ~. / It's the wrong time to ~.라고 합니다.

This is the time to buy gold. 지금 금을 사 놓아야 해.
It's the wrong time to argue. 지금 말싸움이나 하고 있을 때가 아니야.

Scene 62

 Mom Thank Goodness! I got everything I wanted!

 Jung-woo Mom, look at your hair. You look like you were struck by lightning.

 Mom I don't care how I look. I got your dad a North Face jacket. He's been wearing the same jacket for twenty years. And this is for you.

 Jung-woo These are …

 Mom You've been wanting these forever.

 Jung-woo Air Jordan 11s! Mom, these are more than three hundred bucks.

 Mom That's why Black Friday is so sweet. They're sixty percent off.

 Jung-woo Mom! Wow! Thank you so much!

 Mom Let's go home now. You must be hungry.

 Jung-woo Wait! What did you buy for yourself?

 Mom Nothing. I don't need anything but you and your dad. Let's go home.

be struck by ~ ~에 맞다, 치이다

lightning 번개

Black Friday 블랙 프라이데이 (추수감사절 세일)

~ percent off ~퍼센트 할인

해석

엄마 다행이지 뭐니! 사려던 건 다 샀으니 말이다!

정우 엄마, 엄마 머리 좀 봐 봐요. 번개 맞은 사람 같아요.

엄마 꼴이야 어떻든 뭔 상관이니. 너희 아빠 줄 노스페이스 재킷 하나 샀다. 너희 아빠가 재킷 하나로 20년을 버텼다는 거 아니니. 그리고 이건 네 거야.

정우 이건….

엄마 너 이거 갖고 싶어 했잖아.

정우 에어 조던 11! 엄마, 이거 300달러 넘는 건데.

엄마 그래서 블랙 프라이데이가 매력적이라는 거다. 60퍼센트 할인하더라.

정우 엄마! 와! 정말 고마워요!

엄마 이제 집에 가자. 너 배고프겠다.

정우 잠깐만요! 엄마 건 뭐 샀어요?

엄마 안 샀는데. 나야 너랑 네 아빠만 있으면 되는데, 뭐. 집에 가자.

be[get] struck by ~

'타격', '때리다'라는 뜻의 strike를 수동태로 활용하여 '번개에 맞다', '차에 받히다' 등의
표현으로 쓸 수 있습니다.

What are the chances of getting struck by lightning? 번개 맞을 확률이 얼마나 돼요?
The old man got struck by a car. 노인이 차에 치였대.
She got struck by Cupid. 걔, 가슴에 큐피드 화살 꽂혔어. (사랑에 빠졌어.)

'돈'의 구어체 이름

한국에서도 몇 '달러'라는 말 대신 몇 '불'이라는 말을 쓰듯이 미국에서도 dollars 대신
bucks라는 단어를 더 많이 사용합니다. 또한, 천 단위 달러를 grand라고도 하고, 억
단위는 여섯 자리 숫자라 해서 six figures라고도 합니다. 돈 자체 역시 money라고
부르기도 하지만 속어로 moolah라고도 하는데요. 한국에서 '돈'을 '쩐'이라고 하는 것과
같은 표현인 거죠.

It's twenty bucks. 20불이에요.
He spent six grand this month. 걔, 이번 달에 6천 달러 썼대.
She makes six figures. 그 사람 억대 연봉 받아.
I need some moolah. 돈이 필요해.

----

sweet

sweet 하면 '음식 맛이 달다', '착하다', '다정하다'라는 뜻으로만 알고 있는 경우가
많은데요. 선행이나 선물 자체에 대한 좋은 평가를 내릴 때, 혹은 세일이나 어떤 사안으로
인해 이익을 봐서 만족한 경우에도 쓸 수 있습니다.

My daughter is so sweet. 우리 딸은 너무 착해.
The Christmas gift was so sweet. 크리스마스 선물 너무 예쁘더라. (마음에 들더라.)

258

He donated ten grand to our animal shelter. It was so sweet.
그 사람이 우리 동물 보호소에 만 달러를 기부했어. 너무 고맙지 뭐야.

I saved a hundred bucks. Sweet! 백 달러 굳었다. 아우, 좋아라!

must be

그런 일이 있었으니 참 속상하겠다, 끼니를 걸렀으니 당연히 배고프겠다… 이렇게
'~하겠구나' 확신을 가지고 추측하는 경우에 **must be**를 활용할 수 있습니다.

She must be very upset. 그 사람 엄청 속상하겠네.
You must be tired. 너 되게 피곤하겠다.

할인

가게에 가면 몇 퍼센트 할인이다, 가격을 내렸다는 선전 문구들을 볼 수 있죠. 그중 몇 가지
표현을 모아 봤습니다.

Up to eighty percent off! Today only! 오늘 단 하루! 최대 80퍼센트 세일!
It's half off! 반값!
low price 저렴한 가격
price cut 가격 인하
BOGO sale 1+1 행사(Buy One Get One Free의 준말, 발음은 [보고 세일])
Buy one get the second half price 하나 사면 하나는 반값!
package deal 패키지 세일

Scene 63

(at Jung-woo's house)

 Jung-woo Mom, Dad, my SAT score is out.

 Mom Oh, how did you do?

 Dad What's the score?

 Jung-woo I got 1520.

 Mom That's great! That's even higher than the last one.

 Dad You did well, son. You pulled it off.

 Jung-woo I'm upset that I lost eighty points in the writing section, though.

 Mom Don't say that in front of your friends who got lower scores. You might sound like you're flexing.

 Dad Mom's right. By the way, 1520 is good enough for Harvard, isn't it?

 Mom The question is if we can afford the tuition. Money doesn't grow on trees, you know.

어휘

SAT 미국의 수능 시험 제도 (Scholastic Aptitude Test)

~ is /are out ~가 나오다, 결과가 나오다   pull it off 결국 해내다

flex 과시하다

해석

(정우의 집)

정우 엄마, 아빠, SAT 점수 나왔어요.

엄마 어, 잘 나왔어?

아빠 몇 점이냐?

정우 1520점이요.

엄마 잘됐다! 지난번 점수보다도 높네.

아빠 잘했다, 아들. 결국 해냈구나.

정우 작문에서 80점 잃은 게 속상하긴 하지만요.

엄마 너보다 점수 안 나온 친구들 앞에서 그런 말 하지 마라. 자칫 잘난 체하는 걸로 들릴 수가 있어.

아빠 엄마 말이 맞다. 어쨌거나 1520점이면 하버드도 가능하지 않나?

엄마 문제는 우리가 그 학비를 감당할 수 있느냐 하는 거죠. 땅 판다고 돈이 나오는 게 아니잖아요.

결과가 나왔다 / 출시됐다

MRI, CT 검사 결과든 시험 결과든 어떤 '결과가 나왔다'는 표현을 영어로는 ~ is/are out. / ~ came out.이라고 합니다. 또한, 어느 작가의 새 책이 나왔다, 어느 가수의 새 앨범이 발표[출시]됐다고 할 때는 is out/came out은 물론 release라는 단어를 쓰는 경우도 많습니다.

Lady Gaga's new album is out. 레이디 가가 새 앨범 나왔어.

When do the test results come out? 검사 결과 언제 나와요?

The MRI results came out. MRI 결과 나왔습니다.

J.K. Rowling's new book is released. 제이 케이 롤링 새 책이 나왔대.

----

pull it off

드라마 남자 주인공의 "그 어려운 걸 제가 해냈지 말입니다"라는 대사가 한창 유행했던 적이 있습니다. 워낙 어려운 일이라 절대 해내지 못할 거라고 생각했는데 '결국 해냈다'는 표현을 영어로는 pull it off라고 합니다.

Director Bong, Joon-ho pulled it off! His movie won four Academy Awards. 봉준호 감독이 결국 해냈습니다! 그가 만든 영화가 아카데미 4개 부문을 수상했습니다.

We never thought he would finish the marathon, but he pulled it off. 우리는 그 사람이 마라톤 완주를 할 거라고는 상상도 못 했는데, 그걸 해내네.

----

afford

차 한 대 뽑을 돈은 있다, 밥 한 끼 살 여유는 있다, 그 정도 시간은 낼 수 있다 등등 금전적으로 시간적으로 '여유가 있다', '할 수 있다'는 표현을 할 때 afford를 사용합니다. 반대로 '여유가 없다'고 할 때는 can't afford를 쓰면 되겠죠.

Tiger Woods can afford a Lamborghini. 타이거 우즈는 람보르기니를 살 능력이 된다.

I can't afford first-class airfare. 내가 비행기 일등석 탈 돈이 어딨어.

We can afford to wait a little longer. 좀 더 기다릴 수 있어요.

He can't afford to waste that much time because he has a test tomorrow.
걔, 내일 시험이라 지금 한시도 낭비할 수가 없어.

Money doesn't grow on trees.

나무에서 돈이 열리는 게 아니다, 즉 '돈 벌기 힘들다'는 뜻인데요. 우리말의 "땅을 파 봐라. 10원짜리 하나 나오나"와 가장 가까운 표현입니다.

🍔 문화산책

미국 대학 입시

미국의 수능 시험 제도인 SAT는 한두 달 간격으로 시험이 실행됩니다. 학생은 원하는 횟수만큼 시험에 응시할 수 있으며 비용은 한 회에 대략 50달러 정도입니다. 점수는 수학 영역 800점, 언어 영역 800점으로 총점 1600점인데, 평균 점수는 1070점 정도이며 정우의 점수인 1520점은 상위 1%에 해당하는 고득점입니다. 그러나 SAT 점수만으로는 당락을 확신할 수 없습니다. 교내 활동, 봉사 활동 내력, 꾸준히 해 온 취미 활동, 특기 사항 등을 고려하는 기준이 대학마다 다르기 때문에 한 사람이 같은 SAT 점수를 가지고도 상위권 대학에는 붙고, 하위권 대학은 떨어지는 아이러니한 경우도 많습니다.

Scene 64

Dad Which college do you want to go to? Anything in mind, yet?

Jung-woo I've been wanting to go to Stanford, but the tuition is brutal.

Mom I heard it's over fifty grand a year.

Dad You gotta be kidding. Fifty grand a year? Who can afford that?

Mom Plus, dorm, food, etcetera ... that'll add up to seventy grand easy. Have you thought about the UCs?

Dad Are they cheaper?

Mom We can save a little more than ten grand a year.

Dad Don't worry about money, Jung-woo. We'll support you no matter what.

Jung-woo Thank you, Dad. I'll apply to UCLA and UC Berkley, too. Let's see which one works for me.

Mom Sounds like a plan.

tuition 학비, 등록금   dorm 기숙사

etcetera 기타 등등   up to 최대

UC 캘리포니아 주립대의 두 형태 중 하나 (University of California)

no matter what 무조건

해석

아빠	어느 대학에 가고 싶니? 생각해 둔 데는 있고?

아빠 어느 대학에 가고 싶니? 생각해 둔 데는 있고?

정우 늘 스탠퍼드에 가고 싶다는 생각을 하긴 했는데, 학비가 워낙 비싸서요.

엄마 일 년에 5만 달러가 넘는다던데.

아빠 말도 안 돼. 일 년에 5만 달러? 그걸 어떻게 내라고?

엄마 거기다가 기숙사에 식비에 이것저것 다 하면… 7만 달러는 훌쩍 넘지. UC 대학들은 생각해 본 적 없고?

아빠 UC는 좀 싸나?

엄마 연간 만 달러 이상은 아낄 수 있죠.

아빠 정우야, 돈 걱정은 말아라. 우리가 어떻게든 뒷바라지할 테니까.

정우 고마워요, 아빠. UCLA랑 UC 버클리도 넣어 볼게요. 어느 대학에 붙을지 한번 보죠.

엄마 그게 좋겠다.

in mind

'머릿속에 ~이 있다/없다'고 말할 때 ~ in mind 구문을 쓰는데요. 활용 가능한 몇 가지 예를 살펴보도록 하겠습니다.

A Do you have something in mind? 뭐 생각해 놓은 거 있어?

B I have nothing in mind. 아무 생각 없어.

I'm on your side. Keep that in mind. 난 네 편이다. 잊지 마.

With that in mind, I won't vote for him. 그 점을 고려해서라도, 그 사람 안 뽑을 거야.

They have you in mind for that position.
그 자리에 앉힐 사람으로 너를 염두에 두고 있더라고.

---

add up to ~

이거저거 다 합해 보면 꽤 큰 돈이다, 다 더하면 꽤 큰 숫자다라고 말할 때 '다 합하면, 다 더하면'에 해당하는 영어 표현이 add up to입니다.

The numbers add up to 872. 숫자를 다 더하면 872야.

All I ate for lunch added up to a total of 2,000 calories.
점심으로 먹은 걸 다 따져 보니까 2,000칼로리가 나오더라니까.

---

easy

easy가 '쉬운'이라는 뜻인 건 잘 아실 텐데요. "천만 원을 훌쩍 뛰어넘는다", "너 정도는 손쉽게 이기지"라고 말할 때 '훌쩍, 손쉽게'에 해당하는 표현으로도 easy를 사용합니다. 또한 까다롭지 않은 사람, 정조 관념이 없는 사람, 상대를 편하게 하는 사람을 모두 easy로 표현하기 때문에 대화 내용에 따라 이해를 달리해야 한다는 걸 유념하시기 바랍니다.

It's gonna be over 10,000 bucks easy. 만 달러는 넘고도 남겠는데.

He can beat you up easy. 너는 걔한테 게임이 안 돼.

Whatever you like. I'm easy. 너 하고 싶은 대로 해. 난 상관없어.

Riley is so easy. 라일리, 되게 쉬워.

My boss is easy. You'll like her. 우리 상사, 사람 참 편해. 너도 아마 마음에 들걸.

---

work

work에는 '일하다'라는 뜻 외에도 '작동이 된다/안 된다', '소용 있다/없다'라는 뜻이
있습니다. TV가 고장 나서 "이거 안 나와"라고 할 때도, 고치고 나서 "이제 나온다"고 할
때도, 백날 잔소리해 봐야 "소용없어"라고 할 때도 work를 활용합니다.

The blow dryer doesn't work. 헤어드라이기가 안 되네.

Does your computer work? Mine doesn't. 네 컴퓨터 되니? 내 건 안 돼.

Stop nagging. It doesn't work with her. 잔소리 그만해. 그런다고 걔가 말을 듣냐고.

Sounds like a plan.

상대방이 어떤 제안을 했을 때 "그게 좋겠다"고 흔쾌히 동의하는 표현이 바로 Sounds like
a plan.입니다. 미국 현지인들이 습관처럼 자주 쓰는 말입니다.

A Why don't we wait for ten more minutes? If we don't hear anything in ten
minutes, we'll leave. 10분만 더 기다려 보면 어때? 10분 뒤에도 아무 소식 없으면 떠나는 걸로 하고.

B Sounds like a plan. 그게 좋겠다.

🍔 문화산책

UC / CSU

스탠퍼드 같은 사립 대학을 제외한 캘리포니아 내 4년제 대학들은 UC와 CSU로 나뉩니다. UC는
University of California의 약자로 우리가 잘 아는 UCLA, UC 버클리를 포함, 총 9개의 학교가 있
고, CSU는 California State University의 약자로 보통 Cal State라 부르며 총 23개의 학교가 있
습니다. SAT 점수로 보면 CSU보다 UC가 훨씬 높지만 Cal Poly 등 몇몇 CSU 대학들은 점점 위상
이 높아져서 UC 못지않게 높은 SAT 점수가 요구됩니다. UC와 CSU 모두 주립 대학이기 때문에 캘
리포니아 주립대를 나왔다는 말만으로는 어느 수준의 대학을 나왔는지 가늠하기 어렵습니다.

Scene 65

(at Jung-woo's house)

Jung-woo Mom, Dad! I got an email from Stanford.

Dad What does it say? Did you make it?

Jung-woo Yes, Dad! I did it! I made it into Stanford!

Dad Oh my gosh! My son is going to Stanford!

Mom You nailed it, Jung-woo! You were accepted to every college you applied to.

Dad He's a genius! Who did you get it from?

Jung-woo I got it from you guys, of course.

Mom Now you have to choose.

Dad There's nothing to choose. Stanford is it!

Mom Can we make eighty grand a year for the next four years?

어휘

make it into ~ ～에 합격하다　　　nail it 쐐기를 박다

accept 받아들이다　　　apply 지원하다

해석

(정우의 집)

정우　엄마, 아빠! 스탠퍼드에서 이메일 왔어요.

아빠　뭐라고 쓰여 있던? 붙었어?

정우　네, 아빠! 붙었어요! 스탠퍼드에 합격했어요!

아빠　세상에! 내 아들이 스탠퍼드에 가는구나!

엄마　해냈구나, 정우야! 그럼 원서 넣은 데는 다 붙은 거네.

아빠　얜 천재라니까! 누굴 닮아서 이럴까?

정우　당연히 엄마, 아빠 닮아서 그렇죠.

엄마　이제 골라서 가면 되겠다.

아빠　고르고 말고 할 게 어딨어. 당연히 스탠퍼드지!

엄마　우리가 앞으로 4년 동안 매년 8만 달러를 감당할 수 있겠어요?

What does it say? / It says ~

상대방이 편지나 뉴스를 읽고 있는데 그 내용이 궁금해서 "뭐라고 쓰여 있어?"라고 물어볼 수 있죠. 영어로는 What does it say?라고 표현합니다. 내용을 알려주기 위해 "뭐라고 쓰여 있냐면"이라고 운을 떼는 표현은 It says ~입니다.

A What does the flyer say? 전단지에 뭐라고 쓰여 있어?
B It says they're having an end-of- the year sale. 연말 세일한다고 쓰여 있네.

make it into ~

어느 대학에 붙다, 어느 회사에 붙다 등등 지원한 곳에 '합격하다'는 표현을 영어로는 make it into ~라고 합니다. 어느 조직 안으로 들어가게 만들었다는 뜻이죠. 간단하게 I got in. / I made it.이라고 해도 무방합니다.

He made it into the Major Leagues. 그 사람 메이저 리그에 들어갔어.
Did she really make it into Harvard? 걔 진짜로 하버드에 붙었어?

nail it

2010년 밴쿠버 올림픽에서 김연아 선수가 007 연기를 펼쳤을 때, 그 누구도 금메달을 의심하지 않았습니다. 반박의 여지가 없을 정도로 완벽하게 쐐기를 박았기 때문이죠. 이처럼 '완벽하게 해내다', '쐐기를 박다'는 말을 영어로는 못을 박았다는 표현을 써서 nail it이라고 합니다.

Kim, Yuna nailed it at the 2010 Vancouver Olympics.
2010년 밴쿠버 올림픽에서 김연아 선수가 완벽하게 해냈습니다.
Ronaldo nailed the winning shot. 로날도 선수가 쐐기 골을 넣었습니다.

닮았다

우리말로는 가족 간에 외모가 닮았다고 할 때도, 성격, 기질이 닮았다고 할 때도 모두 '닮았다'라고 표현하지만 영어에서는 표현이 나뉩니다.

일단 외모가 닮은 경우는 look like ~ / look the same with ~의 표현을 가장 많이 쓰는데, 한국 사람들이 일반적으로 알고 있는 resemble이라는 단어는 실제로 잘 쓰지 않아요. 그리고 너무나 똑같이 생겨서 '빼다 박았다', '붕어빵이다'라는 표현은 복사한 것 같이 똑같다는 뜻으로 copy of ~라고 합니다. 또, 눈이 닮았다든지, 머리색이 똑같다든지, 부분적으로 닮았다고 할 때는 got one's eyes/hair 이런 식으로 표현합니다.

만약 성격, 기질이 닮았다면 got it from ~이라고 하면 되는데, 누군가에게 몸매가 참 좋다, 머릿결이 참 좋다고 칭찬받은 경우, "우리 엄마한테 물려받았어"라고 할 때도 이 표현을 쓸 수 있어요. 또한 말투나 사고방식 등이 닮았다고 할 때는 talk like / think like라고 하면 됩니다.

She looks like her mom. 걘 자기 엄마 닮았어.

He's a copy of his dad. 걘 제 아버지랑 붕어빵이야. (완전히 빼다 박았어.)

I got my grandma's eyes. 내 눈은 할머니 닮았어.

He's so good at sports. Who did he get it from? 걘 운동 진짜 잘하더라. 누구 닮아서 그렇대?

I'm good with my hands. I think I got it from my mom.
내가 손재주가 좀 있는데, 아무래도 엄마한테서 물려받은 것 같아.

You talk like your dad. 너 말하는 게 완전 너희 아빠다.

지금까지 ~ 동안 / 앞으로 ~ 동안

"너, 지금 다섯 시간 동안 계속 게임만 한 거 알아? 앞으로 삼일 동안은 게임 없어." 이렇게 과거의 어느 시점으로부터 지금까지, 혹은 앞으로 어느 시점까지를 설명할 때 for the last/ next ~라는 표현을 씁니다.

Do you know you've been goofing around for the last couple days?
너 지난 며칠 동안 빈둥빈둥 시간만 낭비하고 있는 거 알아?

I haven't heard anything from them for the last three months.
지난 삼 개월 동안 그 사람들 소식을 전혀 못 들었어.

There'll be no rain for the next two weeks. 앞으로 2주 동안은 비 소식이 없습니다.

I won't be home for the next five days. 앞으로 5일 동안은 내가 집에 없을 거야.

Scene 66

 Jung-woo Mom, I know you're worrying about money, but I don't want to give up on this once-in-a-lifetime opportunity. I want to go to Stanford.

 Dad You're going to Stanford. I'll sell my kidney if I have to.

 Jung-woo Dad, please. You're making me feel guilty.

 Mom I wish you had four kidneys.

 Jung-woo Mom! You're not making me feel any better.

 Mom Sorry. Worrying about money is not your job. You were self-driven, you met your goal and made us so proud. Your dad and I'll take it from here.

 Dad Did you hear your mom? Don't worry, and go enjoy your life. Your era is now, son.

 Jung-woo I'll try to get scholarships, and I'll keep working part time. I'll help.

 Mom Well, should we go out to eat?

 Dad Sure. What do you want to eat, Jung-woo? It's your call.

어휘

give up on ~ ~를 포기하다
kidney 신장, 콩팥
era 시대
call 전화, 요청, 결정

once-in-a-lifetime opportunity 일생일대의 기회
self-driven 자발적으로
scholarship 장학금

해석

정우 엄마, 돈 걱정하시는 건 알겠는데요. 그래도 평생에 한 번밖에 없는 이런 기회를 포기하고 싶지는 않아요. 스탠퍼드에 가고 싶어요.

아빠 스탠퍼드 가. 필요하면 아빠가 콩팥이라도 떼어다가 팔 테니까.

정우 아빠, 제발 좀. 죄책감 들게 왜 그러세요.

엄마 당신 콩팥이 네 개면 참 좋을 텐데.

정우 엄마! 엄마도 똑같아요.

엄마 미안하다. 넌 돈 걱정할 거 없어. 누가 공부하라고 안 해도 네가 알아서 공부했지, 목표도 이뤘지, 우릴 자랑스럽게 해 줬지. 이제부터는 우리가 알아서 해.

아빠 엄마 말 들었지? 넌 걱정하지 말고 즐기기만 하면 돼. 아들, 이제 네 세상이야.

정우 열심히 해서 장학금도 받고 계속 아르바이트도 할게요.
저도 도울게요.

엄마 자, 우리 오늘 외식할까?

아빠 그러지. 정우야, 뭐 먹고 싶니? 네가 골라라.

give up on ~

'포기하다'는 영어로 give up이죠. 포기하는 대상을 함께 말할 때는 뒤에 전치사 on을
붙입니다. '무엇'을 포기하는 상황뿐 아니라 '사람'을 포기할 때 역시 같은 표현으로 give up
on ~이라고 말합니다.

I gave up on passing my finals. 난 기말고사 포기했어.
My dad gave up on me. 우리 아빠는 날 포기했어.

---

once-in-a-lifetime

억만장자가 될 수 있는 기회, 대통령이 될 수 있는 기회, 혹은 다시 없을 사랑 등 절대 놓칠
수 없는 상황을 묘사할 때 '일생일대의', '평생 한 번 있을까 말까 한'이라는 표현을 쓰는데요.
영어로는 once-in-a-lifetime이라고 합니다.

It's a once-in-a-lifetime chance. 이건 일생일대 단 한 번의 기회야.

도움이 안 돼!

상대방이 날 도와준다고 하는 행동이 아무런 도움이 안 되고, 오히려 해만 될 때 You're not
making it any better.이라는 표현을 쓸 수 있어요. "넌 도움이 안 돼."라고 간단히 말하는
경우에는 You're no help.라고 하면 됩니다.

---

self-driven

잔소리 안 해도 알아서 공부하는 사람, 누가 알려 주지 않아도 알아서 일하는 사람 등
'자발적으로 해야 할 일을 하는' 사람을 self-driven이라고 표현합니다. self-motivated
역시 같은 표현이에요.

My son is very self-driven. 우리 아들은 혼자 다 알아서 한다니까.
Why can't you be self-motivated? 뭐든 좀 네가 알아서 하면 안 되겠니?

meet one's goal

꼭 1등을 해야지, 올해 안에 1억을 모아야지, 반드시 내 사업을 시작해야지 등의 '목표'를
goal이라고 하는데요. '목표를 이루다'는 말을 영어로는 '목표를 만나다'라는 표현을 써서
meet one's goal이라고 합니다.

I met my goal. 난 내 목표를 이뤘어.

사람'll take it from here

지금까지는 네가 했으니까 "이제부터는 내가 할게", "여기서부터는 내가 맡을게"의 영어
표현 역시 우리말과 똑같이 '맡는다 = take', '여기서부터 = from here'이라고 합니다.
맡는 사람이 누구냐에 따라 주어만 바꿔서 I'll take it from here. / He'll take it from
here.과 같이 활용하면 돼요.

---

era

영어권 사람에게 한국 역사를 설명해 주다가 고려 시대 때 이런 일이 있었다, 그 시절엔
어땠다 하는 부분에서 '시대', '시절'은 era라고 합니다. '조선 시대'는 Joseon era, '그
시절'은 that era라고 하면 되는 거죠.

I think you were born in the wrong era. 아무래도 넌 시대를 잘못 타고 태어난 것 같아.
A new era has begun. 새 시대가 도래했다.

It's one's call

Good call!은 '탁월한 선택'이란 뜻인데요. 상대방에게 선택권을 주며 '네 결정에 따를게.'
라는 표현 역시 call을 활용합니다. "네가 좋을 대로 해."는 It's your call.이라고 말하면
됩니다.

It's her call. 이건 그 사람이 결정할 일이야.

Scene 67

(on the phone)

 Paul Hey, man, did Rachel call you, yet?

 Jung-woo No, what about?

 Paul Well, what we were worrying about finally happened.

 Jung-woo Did San Jose State announce?

 Paul Yeah. I called Rachel as soon as I opened the email.

 Jung-woo … Rachel didn't get in, did she?

 Paul …

 Jung-woo What about you? Don't tell me you didn't make it, either.

 Paul I made it.

 Jung-woo Congrats! First, we need to see Rachel. I'll call her right now.

announce 발표하다   get in 들어가다, 합격하다

Don't tell me ~ 설마 ~는 아니겠지   congrats 축하해 (Congratulations의 준말)

 해석

(전화 통화)

폴   야, 레이철한테 아직 전화 안 왔냐?

정우   아니. 왜?

폴   그게, 우리가 걱정하던 일이 결국 일어나고 말았어.

정우   산 호세 주립대 발표 났니?

폴   응. 이메일 받자마자 레이철한테 전화했었어.

정우   … 레이철 떨어졌구나, 그치?

폴   ….

정우   넌? 설마 너도 떨어진 건 아니겠지.

폴   난 붙었어.

정우   축하한다! 일단 레이철부터 만나자. 내가 지금 전화해 볼게.

announce

정부가 새 법안을 공표했다, 합격자 발표가 났다 등등 '결과나 소식을 발표하다'를 영어로는 announce라고 합니다. 그래서 '소식을 전해 주는 사람'을 announcer라고 하죠. '안내문', '공고문'이라고 명사로 사용할 경우에는 영어로도 명사형인 announcement로 바꿔 주면 됩니다.

The government announced a tax cut. 정부가 세금 축소안을 발표했습니다.

The city announced that water will be shut down for thirty minutes due to pipes repair.
파이프 수리로 인해 30분간 단수를 한다는 시의 발표가 있었습니다.

There will be school announcement. 학교 안내 방송이 있겠습니다.

The governor of NewYork will make the announcement this evening.
오늘 저녁에 뉴욕 주지사가 뭘 발표할 거래.

Don't tell me ~

"너 무슨 심각한 병에 걸린 건 아니지?", "설마 돈을 다 날린 건 아니지?" 이렇게 원치 않는 일이 생긴 게 아니었으면 하는 바람으로 상대에게 확인할 때 쓰는 표현이 Don't tell me ~ 입니다. 또한, 아직도 일을 다 못 끝냈다는 말은 하지도 마라, 또 끼니를 거르겠다는 말은 꺼내지도 마라는 식의 강경한 입장을 나타낼 때 역시 활용할 수 있습니다.

Don't tell me you're not going. 안 가겠다는 말은 하지도 마.

Don't tell me she passed away. 설마 그 사람이 죽은 건 아니지?

Don't tell me you're not done with your homework. 숙제 다 못 했다는 말은 꺼내지도 마.

Please don't tell me you're leaving me. 나를 떠난다는 말은 제발 하지 말아 줘.

too / either / neither

누가 닭발을 좋아한다고 말했을 때, "나도 좋아"라고 맞장구치는 경우에는 I like it, too. /
Me too.라고 하면 되죠. 반대로 닭발을 싫어한다는 말에 "나도 싫어"라고 동의할 경우에는
I don't like it, either. / Me neither.라고 해요. 좋은 것을 나도 좋다고 받을 때는 too,
싫은 것을 나도 싫다고 받을 때는 문맥에 따라 either이나 neither를 사용합니다. 단,
싫어하는 것을 부정문 I Don't like ~가 아닌 hate로 표현했다면 나도 싫다고 동의하는
경우라 해도 I hate it, too.라고 해야 합니다.

A I love Korean barbeque. 나 한국식 바비큐(갈비집 스타일) 엄청 좋아해.

B I love it, too. / Me too. 나도.

A I don't like salad. 난 샐러드 싫더라.

B I don't like it, either. / Me neither. 나도.

A I hate that guy. 난 그 인간 너무 싫어.

B I do, too. / Me too. 나도.

Scene 68

(at a downtown coffee shop)

 Hi, all.

 Rachel, are you OK?

 Well, yes and no. I'm OK with the University of Arizona, but I'm not OK with being away from you.

 I'll trade ya.

 It's no use, but thank you for saying that.

 Watch out, Rachel!

 Shoot! I spilt coffee all over myself. My horoscope really stinks today.

 I'll visit you in Arizona, and we'll get together every summer, right?

 Right. We just have to suck it up.

 You'll always have me, Rachel!

어휘

be away from ~ ~와 멀리 떨어지다   trade 바꾸다

spilt spill(쏟다)의 과거형   horoscope 별자리 운세

stink 냄새나다, 맘에 안 든다   suck it up 감수하다

해석

(시내 커피숍)

레이철 안녕, 얘들아.

정우 레이철, 너 괜찮아?

레이철 뭐, 괜찮기도 하고 안 괜찮기도 하고. 애리조나 대학에 가는 건 괜찮은데, 너랑 떨어지는 건 안 괜찮지.

폴 내가 너랑 바꿔 줄게.

레이철 되지도 않을 말이지만, 그래도 고맙구나.

정우 레이철, 조심해!

레이철 에잇! 옷에 커피를 다 쏟아버렸네. 오늘 운세 한번 참 더럽다.

정우 너 보러 내가 애리조나에도 가고, 또 매년 여름은 같이 보내고, 그럼 되지. 그치?

레이철 그래. 그냥 받아들여야지 뭘 어쩌겠니.

정우 너한텐 언제나 내가 있어, 레이철!

~ all

아이돌은 공연장에서 "여러분, 사랑해요!"라고 외치고, 신랑 신부는 결혼식 하객들 앞에서 "여러분 모두께 감사드립니다"라고 하죠. "모두 사랑한다", "모두께 감사한다"는 표현을 영어로는 I love you all. / Thank you all.이라고 합니다. 헤어질 때 "다들 잘 가"라고 하고 싶다면 Bye, all.이라고 말하면 되겠죠.

I'll trade ya(you).

물건이든 상황이든 내 것보다 남의 것이 더 좋아 보여서 탐난다거나, 상대방이 자기 것보다 내 것을 더 좋아하는 것 같아서 바꿔 줘야겠다 싶을 때 "나랑 바꾸자", "내가 바꿔 줄게"라는 말을 영어로 I'll trade you.라고 합니다.

A Would you trade your toy with mine? 네 장난감이랑 내 거랑 바꿀래?
B OK. I'll trade ya. 그래, 바꾸자.

소용없다

막힌 세면대를 뚫으려 노력하는 남편에게 소용없으니 그냥 사람 부르자고 할 때, 지금 상태로는 약을 먹어 봐야 별 소용없다고 할 때 '소용없다'에 해당하는 영어 표현이 It's no use.입니다. 비슷한 표현으로는 There's no use. / There's no point. / It is no good. 등이 있습니다.

Thank you for saying that.

남에게 덕담이나 위로, 힘이 되는 말을 들었을 때 "그렇게 말씀해 주셔서 감사해요", "말이라도 고맙다"라고 하잖아요. 영어로는 Thank you for saying that.이라고 합니다.

A I thought you were the best dancer on the stage. 무대에서 네가 춤 제일 잘 추더라.
B Thank you for saying that. 그렇게 말해 줘서 고마워.

별자리 운세 / 띠별 운세

재미 삼아서 오늘의 별자리 운세를 보는 사람들도 많은데요. '별자리 운세'를 영어로는 horoscope이라고 합니다. 그렇다면 '띠별 운세'는 어떻게 표현할까 궁금해지죠. '띠'를 영어로는 animal signs, Chinese zodiac이라고 하는데, '띠'는 원래 동양 것이기 때문에 '띠별 운세'라는 특정 단어는 없고요. Daily Chinese horoscope이 가장 가까운 표현입니다.

What does your horoscope say today? 오늘 별자리 운세가 어떻대?
What does your daily Chinese horoscope say? 오늘 띠별 운세가 어때?

Suck it up.

손해를 감수하고 집을 팔아야 하는 경우, 억울하게도 손해액을 배상해야 하는 경우 등등 내키지 않는 상황을 '감수한다', '받아들인다'는 표현을 영어로는 Suck it up.이라고 하는데요. 이 표현의 유래를 살펴보면 제2차 세계 대전 당시 공군 비행사들이 비행 도중 구토를 할 경우 착용하고 있는 산소 호스 때문에 불가피하게 토사물을 삼켜야 했다고 하네요. 그래서 싫지만 할 수 없이 감수해야 하는 상황을 '삼켜라'는 뜻으로 Suck it up.이라고 한답니다.

These kinds of things always happen. You have to suck it up.
이런 일이야 비일비재하잖아. 네가 그냥 받아들여야지 어쩌겠어.

There's no other way. I have to suck it up.
별다른 수가 없어. 그냥 내가 감수해야지 뭐.

Scene 69

(at school)

 Rachel, I have something to ask you.

 What is it?

 Well … would you go to the prom with me?

 Of course, I'd love to.

 Great! I'll go rent a tux, then.

 Paul, you said you would ask Caylee. How did it go?

 What do you think?

 My condolences, my friend!

 I even asked Joan and Amelia. I know no one asked them to go to the prom, but they still said no to me.

 You still have time. You'll find someone.

 I found someone perfect for me. I'll go with myself.

 Paul, what am I gonna do with you?

어휘 -

prom (고등학교 4학년들을 위한) 졸업 파티   tux 턱시도 (tuxedo의 준말)

My condolences. 깊은 조의를 표합니다.

해석 -

(학교)

정우   레이철, 뭐 물어볼 게 있는데.

레이철   뭔데?

정우   그러니까… 나랑 같이 졸업 파티에 가 줄래?

레이철   당연하지.

정우   좋았어! 그럼 턱시도 빌려야겠다.

레이철   폴, 넌 케일리한테 파트너 신청한다며? 어떻게 됐어?

폴   어떻게 됐을 것 같냐?

정우   심심한 조의를 표하는 바이다, 친구야!

폴   조앤하고 아밀리아한테도 물어봤거든. 게네들, 아무한테도 파트너 신청 못 받은 거 다 아는데, 그런데도 나랑은 안 가겠다는 거야.

레이철   아직 시간은 있어. 같이 갈 사람이 나타날 거야.

폴   나한테 완벽하게 어울리는 사람이 나타나긴 했지. 난 나 자신과 같이 가기로 했느니라.

정우   폴, 널 어쩌면 좋냐?

파티, 모임에 같이 갈 파트너 신청

한국에서는 파티나 모임에 같이 갈 '파트너 신청을 한다'고 말하는데요. 미국에서는 아주
평이하게 '아무개한테 어디에 같이 가자고 물어본다'는 뜻으로 〈ask 사람 to go to 장소〉로
표현합니다.

'파트너'라는 단어 역시 미국에서는 사업 파트너나 동성애자들이 애인을 칭하는 말일 뿐
모임이나 파티에 같이 갈 상대 이성에게는 쓰지 않습니다. '파트너' 대신 date를 써야
옳습니다. 그래서 "내 파트너야"는 She's my date.라고 말합니다.

What do you think?

"야, 합격자 발표 났다면서? 어떻게 됐어?"와 같은 질문에 "어떻게 됐을 것 같냐?"라고
맞질문을 했다면 결과가 긍정적이든 부정적이든 안 봐도 뻔하지 뭘 또 물어보냐는 뜻이
담겨 있는 것이겠죠. 그렇기 때문에 이 표현은 상대가 약간 한심하다는 톤으로 말하는 것이
보편적이에요.

A Did you talk to your boss? How did it go? 네 상사하고 얘기는 해 봤어? 어떻게 됐어?
B What do you think? People don't change. 어떻게 됐을 것 같냐? 사람은 쉽게 안 바뀐다니까.

My condolences.

소중한 사람을 잃고 슬퍼하는 사람에게 위로를 표할 때 쓰는 표현입니다. "심심한 조의를
표합니다"라는 뜻인데요. 친한 사이에 "너도 참 안됐다"는 농담조로 쓰이기도 합니다.
"(저런 여자와 결혼했다니) 조의를 표한다" 이런 식으로요.

What am I gonna do with ～?

사고뭉치인 상대방에게 "너를 어쩌면 좋니?"라고 말할 때, 고집불통인 사람에게 "너한테 두 손 두 발 다 들었다"고 할 때 What am I gonna do with you?라는 표현을 씁니다. 말 그대로 "내가 너를 어찌해야 할까?"라는 뜻이죠.

A I'm fine like this. I'm not gonna get a job. 난 지금 이대로도 만족해. 일자리 안 구할 거야.

B What am I gonna do with you? 도대체 너를 어쩌면 좋니?

 문화산책

prom 졸업 파티

미국의 고등학교 4학년생들을 위한 파티입니다. 보통 4월과 6월 사이에 열리며 3월에서 6월까지를 prom season이라고 하는데요. 여학생들이 백화점이나 인터넷에서 드레스를 사는 경우가 많은 반면 남학생들은 턱시도를 대여해서 입습니다. prom 외에는 다시 턱시도를 입을 일이 아주 드물기 때문이죠. 예전과는 달리 요새는 prom 파티장에 가지 않고 친한 친구들과 호텔 방을 빌려 밤새 노는 경우도 있고 prom 자체를 싫어해서 아무것도 하지 않고 집에 있는 경우도 있습니다.

Scene 70

(in a limo on the way to the prom)

Paul Jung-woo, your jaw dropped. I know this is your first-time riding in a limo.

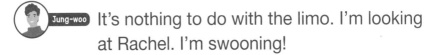
Jung-woo It's nothing to do with the limo. I'm looking at Rachel. I'm swooning!

Rachel Oh, Jung-woo, you're so sweet!

Paul How I hate you guys!

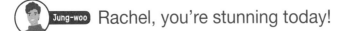
Jung-woo Rachel, you're stunning today!

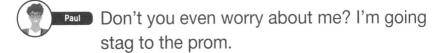
Paul Don't you even worry about me? I'm going stag to the prom.

Jung-woo That's becoming a trend, so you're fine.

Paul Our friendship is soooo shallow.

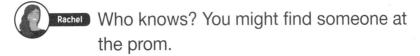
Rachel Who knows? You might find someone at the prom.

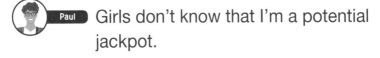
Paul Girls don't know that I'm a potential jackpot.

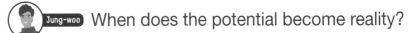
Jung-woo When does the potential become reality?

어휘

jaw 턱

swoon 넋을 잃다

stag 수사슴, 파트너 없이 혼자 파티에 참석한 남자

shallow 얕은

limo 리무진 (limousine의 준말)

stunning 눈부시게 아름다운

trend 유행

potential jackpot 긁지 않은 복권

해석

(졸업 파티장으로 가는 리무진 안)

폴 정우야, 입이 아주 떡 벌어졌구나. 너 리무진 처음 타 보는 거 안다, 알아.

정우 리무진 때문이 아니라 레이철 쳐다보느라 그렇다. 너무 황홀해서 말이야!

레이철 어머, 정우야, 넌 어쩜 그렇게 기분 좋은 말만 하니!

폴 너희들, 진짜 꼴 보기 싫어!

정우 레이철, 너 오늘 진짜 너무너무 예뻐!

폴 내 걱정은 안 되냐? 졸업 파티에 혈혈단신 혼자 가는데.

정우 그게 요새 유행이라니까 너도 괜찮을 거야.

폴 우리 우정이란 게 어~찌나 얄팍한지.

레이철 또 누가 알아? 졸업 파티에서 누굴 만나게 될지.

폴 내가 긁지 않은 복권이라는 걸 여자들은 모른단 말이야.

정우 그놈의 복권은 도대체 언제 긁을 건데?

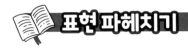

입이 떡 벌어진다

굉장히 멋진 사람이나 건축물, 혹은 대자연과 마주했을 때 '입이 떡 벌어진다'고 표현하죠.
영어에서도 비슷하게 '턱이 빠졌다'는 표현을 써서 jaw dropped라고 합니다. 비슷한
표현으로는 amazed, stunned, jolted 등이 있습니다.

The prince was stunned when he saw Cinderella.
신데렐라를 본 왕자님은 거의 기절할 뻔했어요.

I was amazed by the Grand Canyon. 그랜드 캐니언, 진짜 끝내주더라.

It has nothing to do with ~

정치판에서 제일 많이 듣는 말이 "저와는 아무 관련 없는 일입니다"가 아닐까 싶은데요.
이처럼 어떤 일의 결과가 '누구와/무엇과 전혀 상관없다'고 할 때 It has nothing to do
with ~라고 말합니다.

A Now you're smoking. It's all because of your dad.
이젠 너도 담배를 피우는구나. 이게 다 네 아빠 때문이야.

B No, it's nothing to do with him. 아니에요, 아빠랑은 전혀 상관없어요.

---

swoon

잔인한 장면이나 피를 보고 기절했다, 졸도했다, 멋진 이성을 보고 넋을 잃었다, 매혹됐다고
하는 모든 경우에 쓸 수 있는 단어가 바로 swoon입니다.

I'm swooning over the beautiful lady. 예쁜 아가씨 때문에 넋이 빠졌어.

She swooned when she saw the dead body. 그 사람 시체 보고 기절하더라.

---

stunning

어떤 사람이 기절할 만큼 아름답다거나, 누군가의 옷차림이 끝내주게 멋있을 때, 혹은 어떤
상황이 아연실색할 만큼 기가 막힌 경우에 stunning이라고 표현합니다.

Mom, you look stunning today. 엄마, 오늘 너무 예뻐요.

The president's speech was stunning. 대통령 연설 아주 끝내줬어.

---

go stag to ~

stag는 원래 '수사슴'이라는 뜻인데요. 파트너 동반 파티나 행사에 파트너 없이 혼자 가는 남자를 빗대어 stag라고 해요. 그래서 남성의 경우 '~ 파티[모임]에 혼자 간다'는 표현을 go stag to ~라고 합니다.

He's going stag to the Christmas party. 걔, 크리스마스 파티에 혼자 간대.

Are you really going stag to the prom? 너 정말로 졸업 파티에 혼자 갈 거야?

---

becoming a trend / becoming trendy

trend(트렌드)는 '유행'이라는 뜻이죠. '점점 유행을 타고 있다'고 말하고 싶다면 becoming a trend / becoming trendy라고 하면 되고, '요새 유행이다'라고 할 때는 trendy right now, 이미 '유행이 됐다'는 became trendy로 표현하면 됩니다.

YOLO is becoming a trend. 욜로족이 점점 유행을 타고 있어.

That's really trendy right now. 요샌 그게 유행이야.

긁지 않은 복권

살만 빼면 엄청 예쁠 얼굴, 안 꾸며서 그렇지 신경만 좀 쓰면 모델 안 부러울 외모 등 조금만 손보면 대박일 것 같은 사람들을 가리켜 '긁지 않은 복권'이라고 하죠. 영어로는 '언젠가는 잭팟을 터트릴 잠재력이 있다'는 뜻으로 potential jackpot이라고 표현합니다.

You don't know how gorgeous she is because she never wears make-up. She's a potential jackpot. 걔가 화장을 안 하고 다녀서 네가 모르나 본데, 걔, 긁지 않은 복권이야.

I told you that he's a potential jackpot. 내가 걔, 긁지 않은 복권이라고 말했잖아.

Scene 71

(at the prom)

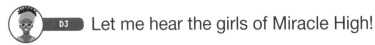
DJ Let me hear the girls of Miracle High!

Girls Yeah!

DJ Let me hear the boys of Miracle High!

Boys Yeah!

DJ Now all the stags make some noise!

Paul Awoo!

Jung-woo That's a wolf, not a stag.

DJ Here comes Beyoncé!

(playing "Single Ladies")

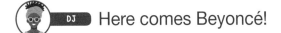
Rachel The DJ is hilarious! He cracks me up.

Paul "I'm a single gentleman, I'm a single gentleman —"

here comes ~ ~가 오다, ~를 소개하다   hilarious 너무 웃긴

crack 사람 up ~를 몹시 웃기다

해석

(졸업 파티장)

디제이   미라클 고등학교 여학생들, 소리 질러!

여학생들 꺄!

디제이   미라클 고등학교 남학생들, 소리 질러!

남학생들 꺄!

디제이   외로이 혼자 온 학생들 소리 질러!

폴   아우!

정우   그건 수사슴이 아니라, 늑대 소리잖아.

디제이   비욘세 노래 나갑니다!

        (〈싱글 레이디〉 노래가 흘러나온다)

레이철   디제이 진짜 웃긴다. 배꼽 빠지겠어.

폴   "아임 어 싱글 젠틀맨~ 아임 어 싱글 젠틀맨~"

hear

hear는 '소리를 듣는다'라는 뜻이지만 상대방이 전하고자 하는 뜻을 '이해한다'는 뜻으로도 쓰입니다. 아이들에게 방 청소를 하라고 했는데 대꾸가 없어서 "엄마 말 들었어?"라고 물어볼 때, 단순히 목소리를 들었느냐가 아니라 방 청소를 할 거냐는 확인 차원에서 Did you hear me?라고도 하고요. 또 상대방의 하소연을 들으면서 "진짜 그렇겠다. 이해가 가네."라며 공감해 줄 때 I hear you.라고 표현합니다.

Here comes ~

기다리던 음식이 나왔을 때, 잔뜩 흐렸던 하늘이 개고 해가 나왔을 때, 비가 올 때, 무대에서 사람을 소개하는 등의 상황에 쓰이는 표현이 Here comes ~입니다.

Here comes our food. 음식 나온다.
Here comes the rain. 이제 비가 오기 시작하네.
Here comes Shakira! 샤키라입니다!

---

hilarious

코미디언이든 일반인이든 웃기는 사람을 두고 hilarious라고 하는데요. 보통 웃기는 정도가 아니라 '진짜 웃기는' 경우에 쓰는 표현입니다. 사람 이외의 웃기는 영화나 TV 쇼 등에도 이 표현을 활용할 수 있어요.

Jack Black is hilarious. 잭 블랙 진짜 웃겨.
Did you watch "Seinfeld"? It's hilarious. 너 〈사인필드〉 봤냐? 진짜 웃기더라.

A crack B up

누가 나를 심하게 웃길 때 '웃겨 죽겠다', '배꼽 빠진다'는 표현을 쓰죠. 영어로는 〈A crack B up〉이라고 합니다. 누구 때문에, 무엇 때문에 웃겨 죽겠다는 뜻입니다.

I told him a joke, and it cracked him up.
내가 웃긴 얘기를 하나 해 줬더니 아주 데굴데굴 구르더라.

The movie was so funny. I cracked up. 영화 진짜 웃긴다. 배꼽 빠지는 줄 알았네.

Stop it. You're cracking me up. 그만해. 너 때문에 웃겨 죽겠어.

Scene 72

 Jung-woo Boy, I need a break!

 Paul Not yet. On your feet.

 Rachel Paul, you came here with no date, and you're enjoying yourself the most.

 Paul Carpe diem! Get up, guys.

 Jung-woo My butt is stuck to the chair.

 DJ I know you think I'm your age, but you're so wrong! I'm your dad's age. So now feel your daddies' passion! Here we go! Hit songs from the Nineties!

(playing "Barbie Girl")

 Paul Come on Jung-woo, Let's go party, Ah ah ah yeah.

 Jung-woo All right, all right! Let's go, Barbie!

 Rachel Yes, Ken!

break 부수다, 휴식

carpe diem 지금을 살아라, 현재를 즐겨라

on your feet 일어서서

stuck 들러붙다

해석

정우   아우, 좀 쉬어야겠다!

폴   쉬긴 뭘 쉬어. 빨리 일어나.

레이철   폴, 넌 파트너도 없이 혼자 와서 제일 신나게 노는구나.

폴   지금 이 순간을 살아야지 말이야! 다들 빨리 일어나.

정우   엉덩이가 의자에서 떨어지질 않아.

디제이   여러분은 내가 여러분 또래라고 생각하겠지만, 절대 아니라는 거! 난 여러분 아버지 또래라는 거! 그러니 이제 아버지들의 열정을 한번 느껴 보시라! 나갑니다! 90년대 히트 송!

(<바비 걸> 노래가 흘러나온다)

폴   컴 온 정우, 레츠 고 파티, 아 아 아 예에.

정우   알았다, 알았어! 가자, 바비야!

레이철   알았어, 켄!

break

자동차 브레이크를 밟으면 차가 서는 것처럼 하던 일을 멈추고 '휴식'을 취한다고 할 때 break를 씁니다. 그래서 "나 좀 쉬어도 돼?"라고 묻고 싶을 때 Can I take a break? 라고 하면 되는데요. 미국에서 흔히 쓰이는 Give me a break.라는 표현은 나를 좀 쉬게 해 달라는 뜻이 아니라 '웃기지 마', '말도 안 되는 소리 하지 마'라는 뜻으로 쓰입니다.

Should we take a break? 잠깐 쉬었다 할까?

So you think I don't do anything for kids, but you do? Oh, give me a break.
그래서, 난 애들을 위해서 하는 게 쥐뿔도 없고 다 네가 하는 거라고? 진짜 웃기고 있네.

Carpe diem.

오래전 영화 〈죽은 시인의 사회〉에서 선생님 역을 맡았던 로빈 윌리엄스의 대사 중 하나가 Carpe diem.이었는데요. 라틴어로 '현재를 살아라!'라는 뜻입니다.

동작을 요구할 때

- 일어서. Get up. / Stand up. / On your feet.
- 쪼그려 앉아. Squat down.
- 양반다리 하고 앉아. Sit cross-legged. (*발음 주의: legged [레긴])
- 누워. Lie down.
  똑바로 누워. Lie down on your back.
  엎드려 누워. Lie down on your belly.
  옆으로 누워. Lie down on your side.
- 다리 쭉 뻗어. Stretch your legs.
- 팔 위로 쭉 뻗어. Stretch your arms upward.

stick - stuck

'들러붙다'는 뜻의 영어 단어의 현재형, 과거형입니다. 물리적으로 무엇이 어디에 붙었다고 할 때도 쓰이지만 본문에서처럼 너무 피곤해서 몸을 일으킬 수 없을 때도 쓰이고, 공포 영화에서처럼 사람들이 흩어지지 말고 모여 있어야 하는 상황이나 다 같이 뜻을 모아야 하는 상황에서도 쓰입니다. 또한, 형용사로 '끈적거린다'는 뜻도 있습니다.

I used too much super glue, and now my fingers are stuck together.
본드를 너무 많이 썼나 봐. 손가락끼리 붙어 버렸어.

We need to stick together. 흩어지면 안 돼. / 다 같이 뜻을 모아야 해.

This table is sticky. 이 탁자 끈적끈적해.

---

one's age

비슷한 나이를 가리켜 '또래' 또는 '-뻘'이라고 하는데요. 영어로는 **one's age**라고 합니다. '내 또래'는 my age, '언니뻘'은 my sister's age와 같이 활용하면 돼요.

He is my son's age. 그 사람 내 아들뻘이야.

Leonardo DiCaprio is my age. 레오나르도 디카프리오는 내 또래야.

I thought she was my age. 난 그 사람이 내 또래인 줄 알았지.

Isn't Madonna your mom's age? 마돈나, 너희 엄마뻘 아니냐?

Scene 73

(graduation day at school)

 Mom Oh, I spotted Jung-woo. He's right there.

 Dad I see him, too.

 Mom I can't believe my baby is already graduating from high school.

 Dad I know. Kids grow like weeds.

 Mom Oh, now the principal is going to give us a speech.

 Principal Every year it's the same, and this year, this moment, here I am all choked up again.

 Mom He's gonna make me cry.

 Principal I have a dream.

 Dad I think I know this speech. Where did I hear it?

 Principal I have a dream that the graduates of Miracle High will spread their wings and fly.

 Mom My baby spread his wings and he's about to leave the nest.

 Principal To the Class of 2020, I have faith in you. You are the future.

weed 잡초

speech 연설

graduate 졸업하다, 졸업생

principal 교장 선생님

be choked up 목이 메이다

spread 펼치다, 펴바르다

해석

(졸업식 날 학교)

엄마 아, 정우 찾았어요. 저기 있네.

아빠 나도 보여.

엄마 우리 애가 벌써 고등학교를 졸업한다니 믿을 수가 없네요.

아빠 그러니까 말이야. 애들은 잡초처럼 빨리 자란다니까.

엄마 아, 이제 교장 선생님 연설하시려나 봐요.

교장 선생님 매년 똑같지만, 올해 역시 지금 이 순간, 저는 또다시 목이 멥니다.

엄마 연설 듣다가 나도 울게 생겼네.

교장 선생님 제겐 꿈이 있습니다.

아빠 이거 어디서 많이 들어 본 것 같은데. 어디서 들었더라?

교장 선생님 제게는 우리 미라클 고등학교 졸업생들이 날개를 펴고 훨훨 날
거라는 꿈이 있습니다.

엄마 우리 애가 날개를 펴고 이제 둥지를 떠나려고 하네요.

교장 선생님 2020년 졸업생 여러분, 저는 여러분을 믿습니다.
여러분이 바로 미래입니다.

쑥쑥 크다

아이들은 자고 나면 큰다는 말이 있죠. 한창 자랄 때는 어제 다르고 오늘 다르게 쑥쑥 크는데요. '빨리 자란다'는 뜻으로 간단하게 grow so fast / grow quickly라고 할 수도 있지만 좀 더 적극적인 표현으로 '잡초처럼 쑥쑥 자란다'고 해서 grow like weeds 또는 '밤새 컸다'는 뜻으로 grow overnight이라고도 합니다.

The Golden Retriever puppies are growing so fast.
골든레트리버 강아지들이 엄청 빨리 자라고 있어.

My word! He grew overnight! 어머 세상에, 말이 안 나오네! 얘 밤새 큰 것 좀 봐!

give a speech

연설이 speech인 건 알겠는데, '연설을 하다'는 영어로 어떻게 말하지? '하다'가 do이니까 do a speech라고 생각할 수도 있겠지만, 듣는 사람들에게 연설을 '준다'는 뜻으로 give a speech라고 표현합니다. 같은 맥락에서 누군가에게 '조언을 해 주다' 역시 give advice라고 해요.

큰 감동을 받거나 슬픈 일이 생기면 눈물이 핑 돌기도 하고 울컥하기도 하고 목이 메기도 하죠. 약간씩 다른 이 표현들을 영어로 알아보겠습니다.

눈물이 핑 돈다 got teary eyed / got all teary

She got teary eyed after she finished his letter.
편지를 다 읽고 나니까 눈물이 핑 도나 보더라.

울컥하다 be choked up / got all choked up

I was choked up at the end of the book. 책 마지막 부분에서 눈물 나더라.

목이 메인다 feel a lump in my throat

※ lump는 '덩어리'라는 뜻으로 식도에 답답하게 덩어리가 느껴지는 식도염 증상을 설명할 때 역시 같은 표현을 쓰기 때문에 상황에 따라 적절히 이해해야 합니다.

After I sent my kids away, I felt a lump in my throat.
아이들을 떠나보내고 나니까 목이 메더라고.

graduate

graduate이 동사로 쓰이면 '졸업하다'라는 뜻이지만 명사로 쓰이면 '졸업생'이라는
뜻이 됩니다. 옥스퍼드 졸업생이면 Oxford graduate, 유씨엘에이 졸업생이면 UCLA
graduate, 이렇게 활용하시면 됩니다.

My son is a Harvard graduate. 우리 아들, 하버드 졸업생이야.
We have 3,000 graduates this year. 올해 3천 명의 졸업생을 배출했습니다.

---

spread

뭔가가 확 퍼지는 것, 펼쳐지는 것을 spread라고 하는데요. 빵에 잼이나 버터를 바른다,
바이러스가 퍼졌다, 새가 날개를 폈다, 꿈을 펼쳐라 등을 spread로 표현할 수 있습니다.

I spread butter on my toast. 토스트에 버터를 발랐어.
The virus spread all over the world. 바이러스가 세상에 쫙 퍼졌다.
The hawk spread its wings. 매가 날개를 펼쳤어.
Spread your wings. 네 꿈을 펼쳐.

---

the class of year

'몇 년도 졸업생들'을 영어로는 the class of year이라고 표현합니다. 2000년도
졸업생들이라면 the class of 2000이 되겠죠. "우린 2000년 졸업생들입니다"라고
말하고 싶다면 We are the class of 2000.이라고 하면 돼요.

🍔 문화산책

I have a dream.
인종차별주의 종식을 기원하는 마틴 루서 킹 주니어의 1963년 연설문을 세계적으로 유명하게 만든
것이 바로 I have a dream, 이 부분인데요. 그 후로 이 연설은 "I have a dream" speech로 불리
게 됩니다.

Scene 74

 Announcer Now the principal will hand out the diplomas.

 Principal Paul Bennett. Good work, kid.

 Paul Thank you, sir!

 Principal Rachel Wilson. So proud of you.

 Rachel Thank you.

 Principal Jung-woo Sung. You're the pride of Miracle High.

 Jung-woo I had a wonderful time at Miracle, sir.

 Announcer Next, Jung-woo Sung will give out the valedictorian speech.

 Jung-woo Looking back, the time that I spent at Miracle High was a miracle. Friends who always stand by you, teachers who lift you up when you're down, people who give you a warm smile— these were all miracles. If you look around, miracles are everywhere. We just don't recognize them.
The Class of 2020, with the knowledge and care we learned, can we be a miracle, too?
I believe we can.

어휘

- -

hand out 건네다, 전해 주다   diploma 졸업장, 자격증

valedictorian 수석 졸업생   stand by 지지하다, 대기하다

lift 사람 up ~의 기운을 북돋아 주다   recognize 알아보다

해석

- -

진행자   이제 교장 선생님께서 졸업장을 수여해 주시겠습니다.

교장 선생님   폴 베넷. 잘했네.

폴   감사합니다, 교장 선생님!

교장 선생님   레이철 윌슨. 자랑스럽구먼.

레이철   감사합니다.

교장 선생님   성정우. 자네는 미라클 고교의 자부심이네.

정우   미라클 고교에서 보낸 시간이 참 행복했습니다, 교장 선생님.

진행자   다음은 졸업생 대표인 성정우 학생의 송사가 있겠습니다.

정우   돌아보면 미라클 고등학교에서 보낸 모든 시간이 미라클(기적)이었습니다. 언제나 곁을 지켜 주던 친구들, 절망할 때마다 북돋아 주시던 선생님들, 따뜻하게 웃어 주던 모든 분들, 그 모두가 기적이었습니다. 우리가 인식하지 못할 뿐, 둘러보면 기적은 어디에나 있습니다.

2020년 졸업생 여러분, 우리가 배운 지식과 배려심으로 이젠 우리 스스로 기적이 될 수 있지 않을까요? 저는 충분히 그럴 수 있으리라 믿습니다.

hand

hand가 명사로 쓰이면 '손'이라는 뜻이지만 동사로는 사람들에게 '나눠 주다'라는 뜻이 됩니다. 또한 hand 뒤에 me, you, her, him, them 등의 직접 목적이나 it 등의 간접 목적어가 오면 누구에게 무엇을 '건네주다'라는 뜻이 됩니다.

The math teacher handed out the tests. 수학 선생님이 시험지를 나눠 주셨다.
Would you hand me the towel, please? 타올 좀 건네줄래?
I can hand it to her. 내가 건네줄게.

수석/차석 졸업생

고등학교, 대학교 졸업생 중 학업 성적이 가장 우수한 학생, 즉 '수석 졸업생'을 영어로는 valedictorian, '차석 졸업생'은 salutatorian이라고 합니다.

look back

look back을 직역하면 몸을 돌려 '뒤를 돌아본다'는 뜻인데요. 행복했던, 혹은 가슴 아팠던 '지난날을 돌아본다'는 영어 표현 역시 look back입니다.

Don't look back. 뒤돌아보지 마.
Someday, we'll look back on today and laugh.
언젠가 오늘을 돌아보며 웃을 날이 있을 거야.

lift 사람 up

보통 물건을 들어올릴 때 쓰는 표현이 lift up인데요. 사람의 기분을 가볍게 하고 기운을 북돋아 준다고 할 때도 같은 표현을 씁니다. 비슷한 표현으로는 cheer up, perk up, lighten, brighten 등이 있습니다.

Listening to bossa nova brightens me. 보사노바풍 음악을 들으면 기분이 가벼워져.

My grandchildren always perk me up. 손주들만 만나면 항상 기분이 좋아져.

---

recognize

길거리에서 지인과 마주쳤는데 그 사람의 옷차림 때문이든 헤어스타일 때문이든 못 알아보는 경우가 있죠. 또 반대로 세월이 많이 흐른 후에도 상대방을 바로 알아보는 경우도 있고요. 이렇게 '사람을 알아보다', '못 알아보다'를 recognize라는 단어로 활용할 수 있습니다.

I didn't recognize you without your glasses. 안경 안 쓰고 있으니까 못 알아보겠다.

Do you recognize him? How? 저 사람을 알아보겠다고? 어떻게?

I recognize you. 네가 누군지 알아보겠어.

Scene 75

 Principal Toss your cap at three. One, two, three!

 **Student** Yay!

 Rachel This is so touching. I'm all emotional.

 Jung-woo I don't think I'll ever forget this moment, to the last day of my life.

 Paul Oh, yes you will.

 Jung-woo I won't forget what you just said, either.

 Paul Hey, guys, I'm not good at this, but I have to say it. I love you, guys.

 Jung-woo That doesn't sound like you, Paul. I'm scared.

 Paul I mean it. You guys mean a lot to me.

 Rachel I love you, guys, too.

 Jung-woo True friendships last forever. So will ours. Don't forget, I'm always on your side.

toss 던지다, 뿌리다

cap 모자

at three 셋을 세면, 셋 하면

touching 감동적인

emotional 감정적인, 감정이 북받치는

scared 무서운, 겁먹은

last 계속하다, 지속하다

side 쪽, 편

해석

교장 선생님   셋에 졸업모를 던져 주십시오. 하나, 둘, 셋!

졸업생들   예이!

레이철   정말 감동적이야. 감정이 막 북받쳐 오른다.

정우   난 죽는 날까지 절대로 오늘을 잊을 수 없을 것 같아.

폴   분명히 잊게 될 것이니라.

정우   네가 방금 한 말까지도 절대로 잊지 않을 거다.

폴   얘들아, 내가 이런 건 잘 못하지만 그래도 꼭 말해야 할 것 같아서 말인데. 사랑한다.

정우   폴, 전혀 너답지 않구나. 무섭게 왜 그러냐.

폴   진심이야. 너희들이 나한테 얼마나 소중한 존재들인데.

레이철   나도 너희들을 사랑해.

정우   진정한 우정은 평생 가는 거니까 우리 우정도 그럴 거야. 난 언제나 너희들 편이라는 거 잊지 마.

toss

배구 경기 중 선수들이 '토스(toss)'라는 말을 많이 하죠. '던지다'라는 뜻인데요. 공이나 물건을 던진다는 뜻 외에 '뿌린다'는 뜻도 있습니다. 잔치 국수 위에 마지막으로 송송 썬 파를 얹어 주세요, 피자 위에 치즈를 살살 뿌려 주세요… 이런 식으로 활용하면 됩니다.

Would you toss the ball to us, please? 그 공 좀 우리한테 던져 주실래요?
Toss shredded cheese on the salad. 샐러드 위에 슈레디드 치즈를 뿌려 주세요.

----

at + 숫자

"다섯에 눈 떠", "열에 폭죽 터뜨려" 이렇게 숫자를 세다가 특정한 숫자에 어떤 행위를 한다 할 때 〈at + 숫자〉 표현을 활용합니다.

Open your eyes at ten. 열에 눈 떠.
Everybody runs at three. 다들 셋에 뛰는 거야.
Pop the poppers at ten. 열에 폭죽 터뜨려.

----

touching

영화나 드라마, 혹은 책에 감동을 받기도 하고, 누군가로부터 받은 선물이나 편지에 감동하기도 하죠. 이렇게 '감동적이다, 뭉클하다'라는 표현을 영어로는 touching이라고 하는데요. touch를 수동태 형태로 써서 I'm so touched.라고 표현할 수도 있습니다.

The movie "The Notebook" was so touching. 영화 〈노트북〉 너무 감동적이었어.
I'm so touched by his email. 그 사람 이메일 읽고 엄청 감동 받았어.

----

emotional

화를 주체할 수 없는 경우, 눈물을 주체할 수 없는 경우 등등 감정을 다스릴 수 없는 상태를 emotional이라고 표현합니다.

You have to watch. She's very emotional. 조심해. 그 사람, 정말 감정적이거든.
I might cry. I'm so emotional now. 지금 감정이 너무 올라와서 어쩌면 울지도 몰라.

---

be not good at ~

나는 요리를 잘 못 해, 그 사람은 수학에 약해, 내 남편은 사진을 잘 못 찍어 등등 누가 뭐를
'잘 못한다'는 표현을 영어로는 be not good at ~이라고 합니다.

He's not good at taking pictures. 그 사람 사진 잘 못 찍어.
I'm not good at baking. 난 빵이나 케이크 같은 거 잘 못 만들어.

That doesn't sound like ~

제삼자에게서 아무개가 이런 말을 했다고 전해 들었는데 "내가 아는 아무개는 그런 말 할
사람이 아니다", "그 사람이 그런 말을 했을 리 없다"고 할 때 That doesn't sound like ~
라고 표현합니다.

Did Trump really say that he welcomes illegal aliens?
That doesn't sound like him.
트럼프 대통령이 진짜 불법 이민자들을 환영한다고 말했다고? 그 사람이 그런 말을 했을 리 없어.

---

mean

나한테는 네가 이 세상 전부야, 그 사람한테는 일이 전부야 등의 표현에서처럼 무엇이, 혹은
누가 '어떤 의미이다'라는 말을 영어로는 mean ~이라고 합니다.

A mom means the world to a baby. 아기에게는 엄마가 이 세상 전부예요.
My family means everything to me. 내게는 가족이 전부야.
His grandparents mean a lot to him. 그 사람한테는 조부모님이 엄청 큰 의미야.